编　委　会

广州科技传播发展报告（2023）

广州市科学技术协会　编著

暨南大学出版社
JINAN UNIVERSITY PRESS

中国·广州

图书在版编目（CIP）数据

广州科技传播发展报告. 2023 / 广州市科学技术协会编著. — 广州：暨南大学出版社，2024.6

ISBN 978 - 7 - 5668 - 3885 - 8

Ⅰ. ①广…　Ⅱ. ①广…　Ⅲ. ①科学技术—传播—研究报告—广州—2023　Ⅳ. ①G219. 276. 51

中国国家版本馆 CIP 数据核字（2024）第 046829 号

广州科技传播发展报告（2023）
GUANGZHOU KEJI CHUANBO FAZHAN BAOGAO（2023）
编著者：广州市科学技术协会
....

出 版 人：阳　翼
统　　筹：黄文科
责任编辑：曾鑫华　冯月盈
责任校对：刘舜怡　陈慧妍
责任印制：周一丹　郑玉婷

出版发行：暨南大学出版社（511434）
电　　话：总编室（8620）31105261
　　　　　营销部（8620）37331682　37331689
传　　真：（8620）31105289（办公室）　37331684（营销部）
网　　址：http://www.jnupress.com
排　　版：广州尚文数码科技有限公司
印　　刷：广东信源文化科技有限公司
开　　本：787mm×1092mm　1/16
印　　张：12.25
字　　数：162 千
版　　次：2024 年 6 月第 1 版
印　　次：2024 年 6 月第 1 次
定　　价：49.80 元

（暨大版图书如有印装质量问题，请与出版社总编室联系调换）

　　科技兴则民族兴，科技强则国家强。党的十八大以来，习近平总书记多次强调，科技创新和科学普及作为创新发展的"两翼"，是实现新时代高质量发展的重要驱动力。科技传播作为链接科技与社会发展的桥梁，在新时代科普生态的构建中发挥着至关重要的作用。

　　科技传播将科技成果应用于生产和生活实践，是知识经济时代促进科技创新、推动经济发展、提升国家实力的重要因素。广州作为我国自古以来对外开放的重要窗口、改革开放的前沿阵地、经济发展的排头兵、"一带一路"重要枢纽城市和粤港澳大湾区区域发展核心引擎，近几年在科技传播领域持续发力，形成了独具特色的复合型科技传播体系。

　　我作为科技工作者，在日常的科研工作中，深感将科学技术转化为科普力量的重要性，同时科普工作作为创新驱动发展战略的重要一环，对新质生产力的催生与高质量发展的支撑作用日益凸显。在媒介传播方式日新月异的今天，广州市科学技术协会联合暨南大学文本实验室做的关于广州科技传播发展的课题，具有极高的现实意义。值此《广州科技传播发展报告（2023）》出版之际，我有幸为此书作序，深感荣幸。此书是广州市关于科技传播发展的第一项重要学术成果，不仅是对广州科技传播发展的深度研究，更是中国首部以地方性科技传播为主题的发展报告，充分展示了广州在科技传播领域的领导力和前瞻性。报告从政策及理论两方面入手，全面而深入地分析了科技传播的背景目的及科技传播的意义和重要性。这为我们理解科技传播提供了全面的理论框架，也为我们把握科技传播的深层含义提供了理论指导。

科普能力的发展，象征着一个国家科学技术水平和创造能力的进步。在全球数字化趋势和新兴技术发展日新月异的背景下，在全面建设社会主义现代化国家、向第二个百年奋斗目标进军的新发展阶段，面对世界百年未有之大变局，面对前所未有的机遇和挑战，广州市科学技术协会将与全市科技工作者同心勠力、奋楫笃行，共同推动科技传播的进步和发展，为中国的科技传播事业注入新的活力和动力，在构建新发展格局和新质生产力中勇担新使命，展现新作为。

徐　涛

中国科学院院士

广州实验室副主任

广州市科学技术协会主席

2024 年 3 月

在以习近平同志为核心的党中央坚定引领下，我国正奋力迈向实现第二个百年奋斗目标的宏伟征程，科技创新和科学普及作为实现创新发展的两翼，被赋予了前所未有的战略意义。对于广州这座兼具深厚历史文化底蕴和澎湃活力的国际大都市而言，科普工作不仅是提升城市未来发展潜力和全民素质的关键任务，更是塑造城市创新形象的重要途径。

科学技术的普及不仅关乎每个公民的科学素养，更与国家的整体创新能力及发展潜力息息相关。《广州科技传播发展报告（2023）》以其独特的观察视角和全面的深度内容，生动展现了广州在科普工作上的辛勤耕耘和丰硕成果。暨南大学的专家团队参与了报告撰写，暨南大学出版社承接编辑出版，既是对这一创举的深度支持，也印证了这一报告的深远意义。

该书从理念、实践、趋势和案例等多个维度，全方位剖析了广州科技传播的现状、挑战以及未来展望。其中，"理念篇"关于科技传播与科学普及、科技创新与科技传播以及科技传播政策与理念等方面的论述，给我留下了尤为深刻的印象。这些论述不仅系统梳理了科技传播的基本概念和理论框架，更从战略高度为广州的科普工作提供了富有洞察力的指导性意见。

广州，这座充满活力与创新精神的城市，一直以来都在积极推动科普工作的深化与发展。科普工作不仅是知识的传递，更是科学精神、科学方法和科学思想的传承与弘扬。过去十年间，广州通过构建完善的科技传播体系，强化品牌意识，创建了一批意识上具有创新性、时间上具有延续性、覆盖人群不断扩大的科普品牌、科普活动、科普生活圈，形成了体系化的科技传播品牌矩阵。例如，"广州科普一日游"和"院士专家校园行"等系列活动，深受广大市民的喜爱和认可。这些活动不仅丰富了市民的科学文化生活，更在潜移默化中提升了公众的科学素养。

此外，广州还积极探索科普产业的协同创新发展之路，通过打通"科研—科普—科创"的科普生态链，逐步构建起政府、社会、市场等多元主体共同推动的社会化科普大格局。这一生态链的建立，使得科技资源能够在更广阔的社会范围内流动和共享，有力推动了科技创新的多元化和深入发展。

《广州科技传播发展报告（2023）》的问世，无疑为广州乃至全国的科技传播工作铺设了一条宝贵的参考路径。这份报告深入剖析了广州在科技传播领域的实践、趋势和挑战，为未来的战略规划构筑了坚实的理论框架和实践导向。

展望未来，广州作为粤港澳大湾区的核心引擎，其在科技传播领域的角色尤为重要。这座城市肩负着引领区域乃至全国科技传播创新发展的重任，通过提升全民科学素质，积极推动科技创新和科学普及的深度融合与全面进步。

我们期待广大读者能从《广州科技传播发展报告（2023）》中汲取灵

感和动力，共同投身广州的科普事业。每一个人的参与和贡献，都将汇聚成推动科普事业繁荣发展的重要力量，助力广州塑造科技传播的新典范。通过共同努力，我们有望将广州的科技传播经验推广至全国，为我国建设创新型国家和迈向世界科技强国的目标注入强大的动力。让我们携手共进，以科学精神照亮前行之路，共同铸就科技传播的美好未来。

林如鹏

暨南大学党委书记

2024 年 2 月

目　录
CONTENTS

第一章

总报告

广州科技传播发展报告（2022—2023）

摘要： 党的十八大以来，以习近平同志为核心的党中央高度重视科普和科学素质建设工作。习近平总书记明确指出："科技创新、科学普及是实现创新发展的两翼，要把科学普及放在与科技创新同等重要的位置。"2021 年 6 月，国务院印发《全民科学素质行动规划纲要（2021—2035年)》。2023 年是贯彻党的二十大精神的开局之年，是实施"十四五"规划承前启后的关键一年。广州市要进一步推动全民科学素质建设，繁荣科普产业共同体，促进其高质量发展，并形成国内国际双循环的发展模式，需要做好以下方面：一是加强统筹设计和政策制定，推动科学普及与科技创新并行的双翼发展模式；二是强化科技传播的体系化建设，促进包括人工智能、数字技术等传播技术在科技传播领域的转化与应用；三是深入挖掘科技传播体系的资源特色，将地域经济文化特色融入科技传播之中，不断提供高质量的内容与服务；四是着力构建科技传播与科普产业发展之间的循环机制，打通大湾区科技传播与国际交流的大循环。

关键词： 科技传播　双翼发展模式　科普产业共同体　广州　大湾区

一、响应新时代要求，建设科技传播体系

党的十八大以来，以习近平同志为核心的党中央高度重视科普和科学素质建设工作。习近平总书记明确指出："科技创新、科学普及是实现创新发展的两翼，要把科学普及放在与科技创新同等重要的位置。没有全民科学素质普遍提高，就难以建立起宏大的高素质创新大军，难以实现科技成果快速转化。"① 这一重要指示精神是新发展阶段科普能力建设和全民科学素质高质量发展的根本遵循。

2021 年 6 月，国务院印发《全民科学素质行动规划纲要（2021—2035 年)》。2022 年 9 月，中共中央办公厅、国务院办公厅印发《关于新时代进一步加强科学技术普及工作的意见》。2021 年 11 月，广东省政府印发《广东省全民科学素质行动规划纲要实施方案（2021—2025 年)》。2022 年 3 月，广州市政府印发《广州市全民科学素质行动规划纲要实施方案（2022—2025 年)》，进一步明确新时期广州市提升公民科学素质工作的三项重点：一是发挥政府在公民科学素质建设中的主导作用，加强统筹协调，坚持协同推进，激发高等学校、科研院所、企业、社会团体、基层组织、科学共同体等多元主体活力，激发全民参与积极性，构建政府、社会、市场等协同推进的社会化科普大格局；二是深化供给侧改革，推动科普内容、形式、手段的创新提升，满足全社会对高质量科普的需求；三是加强国际交流合作，在更大的范围与更高的水平下，推动经验互鉴和资源共享，助力共建粤港澳大湾区国际科技创新中心，营造"要创业到广州、

①　习近平. 为建设世界科技强国而奋斗——在全国科技创新大会、两院院士大会、中国科协第九次全国代表大会上的讲话［N］. 人民日报，2016 - 05 - 30（2）.

要创新来广州"的良好的社会科创氛围。

创建良好的社会科创氛围，实现科技创新与科学普及两翼并行的发展模式，搭建即时、泛在的传播矩阵，打造精准、全域的科普生态链。推动科普全面融入广州市的经济、政治、文化、社会、生态文明建设，并进一步构建起社会化协同、数字化传播、规范化建设、国际化合作的新时代科普生态圈，以服务创新发展、服务治理体系和治理能力现代化，实现高质量的科技发展。广州市在研究新政策、新路径、新举措、新载体的基础上，科学地聚合各方资源与力量，不断提升全民科学素质，并建立起科学精神引领下的崇尚创新的社会氛围。

二、科技传播体系日趋完备，战略先行特色突出

根据中国科协与国家统计局合作开展的第十二次中国公民科学素质抽样调查结果，2022 年全国公民具备科学素质的比例达到 12.93%，而广州市公民具备科学素质的比例达到 20.8%，已接近发达国家水平，充分发挥了国家中心城市示范作用，彰显出全球影响力城市的引领风范。

广州市公民科学素质建设的目标是：至 2025 年，广州市公民具备科学素质的比例达到 24.5%，进一步在全市范围内形成科学精神引领下的崇尚创新的社会氛围。

（一）广州市科技工作与科技传播目标

自 2021 年以来，广州市科技创新活力厚积薄发，出现井喷之势，至 2021 年底，国家重点实验室增至 21 家，广东省重点实验室增至 256 家，在穗工作院士 122 人。科技成果转化明显提速，科技自立自强达到新水平，至 2022 年，高新技术企业突破 1.23 万家，创历史新高。有效发明专

利拥有量首次突破 10 万件，增长 26%，入选首批国家知识产权强市建设示范城市。新增全球"独角兽"企业 9 家，增量居全国各大城市之首。2022 年，广州市自然指数—科研城市排名跃居全球第十，广州市研发投入"八连涨"，科技创新水平迈入全球"第一方阵"。

2023 年，广州市科技工作任务聚焦三个方面：一是强化国家战略科技力量。保障和建设各重大实验室；推进创新平台建设；在海洋、生物、电子、高新材料、芯片等广州领先的科技领域持续发力，加速核心项目、重大攻关成果的转化落地。二是促进创新产业链深度融合，持续优化科技创新生态。建立健全"产业界出题、科技界答题"机制，推动"领军企业＋产业园区＋大院大所"协同创新，支持领军企业牵头组建创新联合体，围绕产业创新面临的重大和关键共性问题开展科研攻关。三是打造大湾区高水平人才高地核心引擎。依托重点平台，加快吸引聚焦战略科学家、一流科技领军人才和创新团队、青年科技人才。

广州科技传播工作的重点是聚焦重点人群、重点项目的传播普及，立足广州领先的科技水平，通过对科技资源的整合与再开发，推动科技知识在全社会范围的流动性，打造"科普产业共同体"，实现科技资源的科普化，提高科普产业的协同性，提升科普产业的市场化程度。广州科技传播通过充分发挥大湾区的文化与创新特色，打通大湾区与国际交流的大循环，助力"广聚英才"人才工程，打造"广为人知"人才文化品牌，以科技创新的城市氛围提升对人才的吸引力和集聚力，进一步提高广州市的城市创新指数，提升广州市创新系统的创新效率，助力国家战略科技实力的提升。

（二）广州市全民科学素质建设战略

党的十八大以来，中国科普事业蓬勃发展，公民科学素质快速提高，但同时还存在对科普工作的重要性认识不到位、落实科学普及与科技创新同等重要的制度安排尚不完善、高质量科普产品和服务供给不足、网络伪科普流传等问题。

中共中央办公厅、国务院办公厅印发的《关于新时代进一步加强科学技术普及工作的意见》中明确指出：推动科普产业发展。培育壮大科普产业，促进科普与文化、旅游、体育等产业融合发展。推动科普公共服务市场化改革，引入竞争机制，鼓励兴办科普企业，加大优质科普产品和服务供给。鼓励科技领军企业加大科普投入，促进科技研发、市场推广与科普有机结合。加强科普成果知识产权保护。

2023 年是贯彻党的二十大精神的开局之年，是实施"十四五"规划承前启后的关键一年。广州市要进一步推动全民科学素质建设，繁荣科普产业，促其高质量发展，并形成国内国际双循环的发展模式，需要做好以下方面：一是要加强统筹设计和政策制定，推动科学普及与科技创新并行的双翼发展模式；二是强化科技传播的体系化建设，促进包括人工智能、数字技术等传播技术在科技传播领域的转化与应用；三是深入挖掘科技传播体系的资源特色，将地域经济文化特色融入科技传播之中，不断提供高质量的内容与服务；四是着力构建科技传播与科普产业发展之间的循环机制，打通大湾区科技传播与国际交流的大循环。

三、科技传播体系的系统化：搭建即时、泛在的传播矩阵

广州市公民科学素质建设的目标是，至 2025 年广州市公民具备科学素质的比例达到 24.5%，进一步在全市范围内形成科学精神引领下的崇尚创新的社会氛围。

提升广州市全民科学素质、提高科普信息覆盖率和到达率的路径：一

是推进科普信息化提升工程，提高优质科普内容资源创作和传播能力，推动传统媒体与新媒体深度融合，建设即时、泛在、协同、互补的信息化全媒体传播网络；二是持续推进科普基础设施工程建设，建立政府引导、多渠道投入的机制，实现资源合理配置和服务均衡化，形成"线上＋线下"联动，覆盖广州地区居民生活、工作、学习、职业培训、疾病防治、娱乐休闲、应急防灾的全方位情境的复合传播模式。

（一）科技传播发展的总体趋势

新时期的媒介生态环境呈现出四个特点：科技发展的先导性、受众需求的多元性、宣传资源的多样性、传播平台的共享性。从传播生态的角度出发，人、媒介、社会各"圈层"之间力量交错，信息共生，已经成为不可偏废的传播生态共同体结构。

社交媒体兴起，模糊了内容接受者与创作者之间的界线，每个人既是内容的接受者，也是内容的创作者，评论、弹幕甚至再创作都成为内容的组成部分。例如，2021年河南水灾救灾中，一名河南籍大学生在腾讯文档上建立的在线协作文档《待救援人员信息》，一天时间内访问量超过250万次、在线编辑记录2万余次。全社会的参与，本身也是传播机制与传播模式的创新。

数字技术的发展，使得人的数字媒介化生存成为当下传播生态系统中的重要一环。一方面，智能传播的发力，新技术＋新媒体应用，加快了社会的数字化转型。例如，2022年北京冬奥会出现了包括冬奥宣推官"冬冬"、数字记者"小净"、"3D虚拟冰冰"等在内的几十个数字人，以及中国移动打造的谷爱凌的数字分身"Meet Gu"。慧辰股份于2022年3月发布的《虚拟数字人深度产业报告》显示，2030年，中国虚拟数字人整体市场规模将达到2700亿元人民币。接受调研的"Z世代"（出生于

1995—2009 年的人）中，有近一半的人表示愿意为虚拟人付费。另一方面，视频、游戏、影视、音频在成熟的硬件基础上蓬勃发展，多元化载体上呈现的内容本身也内置了和传播相关的部分，并模糊了传统意义上的线上和线下的物理界线与心理界线。例如，2023 年杭州亚运会有数字观赛平台、线上火炬传递，还有在线"捕火苗"的玩法。"捕火苗"运用多媒体、三维建模、场景融合等新技术与新手段，将计算机生成的虚拟物体——亚运火苗叠加到真实的城市地图之上，根据地图图标找到位置后，在火苗附近 500 米的范围内，通过左右移动手机便可以找到火苗，点击屏幕进行捕捉。

（二）全媒体传播实力持续增强

广州市科技传播聚焦当下的城乡一体化传播生态链，结合新时代科技传播的特点，立足广州丰富的科技资源，融合包容开放、求真创新的岭南文化特色，针对性地提升了不同媒介的协同效率，统筹协调优化了平台模式，坚持以用户思维为导向的推广策略，设立了多元互补的科普形式。

2022 年，广州市累计开展线上线下科普活动 1167 场次。着力构建线上线下相结合的科普信息化服务阵地，共计建设科普 e 站 239 个，打造"掌上云看馆"小程序。"科普广州"新媒体矩阵（微信公众号、抖音、视频号、微博、快手等）全年共发布推文和视频 1207 篇（个），全网总浏览量达 6138.5 万次。

开办"科学大求真""科普一分钟"科普栏目，全年制作并播出 50 期"科学大求真"和 360 期"科普一分钟"。摄制《科学达人秀》青少年科学实验表演电视节目 26 期，"我身边的科技大咖"专题节目 30 期。

在广州青少年科技馆的创客空间开展 104 场创客活动，并制作 37 部时长 2～3 分钟的微视频。举办第八届全国科普讲解大赛，全网观看超 500

万人次。

出台《广州市公安机关打击整治养老诈骗专项行动工作方案》，发布养老诈骗相关稿件 37 篇、公布典型案例 54 个。部分典型案例获央视财经、CCTV《法治在线》栏目采用并制作成专题节目。发布相关新媒体作品近 500 个，全网点击量超 4000 万次。

（三）六大知名科普品牌覆盖科技创新前沿领域

广州市立足其丰富的科技资源，以超前的科普意识创建并运营六项全国知名的科普品牌：

（1）2005 年，创立"广州科普大讲坛"，每月一次，通过广州科技工作者讲科学故事，展示科学成果，启发科学探索精神。

（2）2013 年，创立"广州科普一日游"，每月一次，成为全国首创的覆盖全市范围的科普品牌活动。

（3）2014 年，首次举办"广州公民科学素质竞赛"，每年一届。2022 年，举办第九届广州公民科学素质竞赛活动，活动直播观众超过 239 万人次，此外还以线上线下相结合的方式举办了 15 场次专题赛活动。

（4）2014 年，创立"广州科普自由行"活动，每月一次，组织广州地区百余家科普资源单位免费向市民开放，通过科普导览、科普讲座、科普互动等形式开展丰富多彩的科普活动。

（5）2017 年，创立广州"院士专家校园行"活动。组织院士和科技专家进校园，向广州地区青少年普及科学知识。2022 年，在穗工作的院士达到 122 位，是广州领先其他同类城市的丰富的科技资源之一。

（6）2022 年，在全国首创资源覆盖全市、时间跨度全年的"科普开放日"活动。2022 年广州市全国科普日活动系列活动，开展科普活动 218 场次，覆盖人群超过 600 万人次，广州市三分之一的常住人口参与到该项科普活动中。

2022年，广州市组织开展"院士专家校园行"、科普大篷车、科普大讲坛、科普游、青少年机器人竞赛等科普品牌活动576场次，参与市民群众逾825万人次。截至2023年8月，组织开展"院士专家校园行"、科普大篷车、青少年机器人竞赛、广州科普开放日、广州公民科学素质竞赛等科普品牌活动417场次，参与市民群众逾75万人次。

2022年，广州市共举办5期珠江大讲堂，实现"线上＋线下＋二次"多元传播，累计吸引超17.9万网友关注线上视频直播、超400人参与现场讲座，衍生的17个科普视频收获23万人次观看量；举办3期"格致论道·湾区"讲坛，总播放量达223.82万；举办7期广州科普大讲坛线上科普节目，受众达536万人次。

广州科技活动周系列活动，围绕"走进科技 你我同行"主题，2022年累计举办各类活动379场次，重点策划实施创新科普嘉年华、科普开放日、科学之夜等重点科普品牌活动，公众参与量逾1104万人次，在国家级与省、市级媒体上发布报道3010篇。

2022年，广州市在全国首创资源覆盖全市、时间跨度全年的"科普开放日"活动。该活动自启动以来，共组织线上活动312场，线下活动2873场，为1400万人次的市民群众提供了科普服务，全力打造"多形式、重体验、齐参与"的全民科普盛宴。

广州市科普公共服务产品供给力持续增强。2022年，开展"自然护理·广州""花花世界""植物医生""动物园奇妙夜"等园林主题科普教育品牌活动632场、受众人群线上线下累计达2612万人次。

（四）优质科普资源下沉，打通科普最后一公里

广州市实施科普基础设施建设工程，加强对科普基础设施建设的统筹

规划与宏观指导，创新构建现代科技馆体系，大力加强科普基地建设。实施基层科普能力提升工程，健全基层科普服务体系；实施基层科普服务能力提升，加强专兼职科普队伍建设，建立应急科普宣教协同机制。

2022年，广州市新认定科普基地44家，市科普基地总数达225家，科普服务基层能力得到显著提升。加快推进广州青少年科技馆升级改造，2022年广州青少年科技馆共开馆140天，进馆参观人数较2021年同期增长17倍。南沙区推进大湾区科学论坛永久会址（科技馆）建设，助力形成全域科普阵地。

充分发挥科普大篷车流动科普设施作用。截至2023年9月，大篷车项目组织开展了赴梅州市蕉岭县中小学送科普，前往从化、增城、花都、白云、番禺、南沙、黄埔开展"乡村少年宫"共建合作项目等公益科普活动42场，涉农地区活动31场，惠及人数共计83057人。

2022年，在"科普广州"平台开设"应急科普"专栏，设置"疫情科普"专区和"防灾减灾"专区，累计发布疫情相关科普推文50余篇、短视频20条、科普大讲坛1期，浏览人次超过400万。组织第14个全国防灾减灾日和第33个国际减灾日专题科普宣传，充分发挥市应急安全全民体验馆移动宣教车、防震减灾科普馆和华南安全实操培训基地的功能特色及宣传作用，扎实开展广州塔和户外大屏防灾减灾主题点亮活动，全年累计共开展各种活动1000余场次。

广州市针对领导干部及公务员加强科学素质教育培训，着力提升公务员科学素质，编印1.5万册《广州市领导干部和公务员科学素质读物（2023）》，免费发放到约110个市属单位、11个区，提升了领导干部与公务员终身学习、科学决策与管理的能力。

广州市针对老年人开展智慧助老行动，实施银龄科普行动。2022年，充分发挥"平安广州宣讲团"的品牌作用，深入村居、社区、街道、商圈、公园、广场等公共场所开展现场宣讲活动 110 次，覆盖家庭近 200 万户。开展市公安局门户网站和"广州微警务"小程序的适老化与无障碍改造，增加适老化界面。2023 年开设"社区银龄科普学堂"科普专项，在全市 11 个区开设 30 多个学堂、开展 60 多场科普活动，专责服务提升老年人科学素质。

广州市针对学生弘扬科学精神，贯穿于育人全链条，提升基础教育阶段科学教育水平，推进高等教育阶段科学教育和科普工作，实施科技创新后备人才培育计划，建立校内外科学教育资源有效衔接机制。2022 年，广州市建立健全青少年科技专业课程体系，提供天文、生命科学、计算机、科技模型等科技培训课程 12 门、科技类培训学位近 4000 个，依托市少年宫创新开展科普教育活动 44 场，受众 6 万余人次。

四、科技传播系统的产业化：构建精准、全域的科普生态链

科技传播是实现科技资源科普化和科普产业市场化，打通"科研—科普—科创"链条、实现创新发展"两翼"齐飞的关键路径。覆盖全社会范围的多元主体在广州市科协的统筹下，本身都是科技传播的媒介——既是科普的对象，又是科普产品的供给者；既是创新者，又是创新的受益者。

《全民科学素质行动规划纲要（2021—2035 年)》明确指出，"科技资源科普化工程"是"十四五"时期的五项重点工程之一。达成目标的路径分两个层面：一是实施科技资源科普化工程，强化科技工作者的科普责任，建立完善科技资源科普化机制，实施科技资源科普化专项行动。二是实施科普产业繁荣工程，加强对科普产业发展的宏观指导和政策扶持，推动科普市场化产业化。

广州市通过数年的努力，逐步聚合集成了具有系统化、循环性、高效性，覆盖全域，各环节精准供给等特点的科普产业生态链条，构建起政府、社会、市场等协同推进的社会化科普大格局。由高校、科研院所、科创企业组成的创新主体，由科普场馆、科普基地、媒体组成的传播主体，由政府及科普产业上下游企业组成的社会主体，以及由学校、社区及公众组成的其他多元主体（以下简称"四类科技传播主体"）之间，逐步形成"科技资源—科普传播—成果转化—市场应用—科技资源"这一覆盖全社会范围的共同体循环链。

（一）统筹协调促进科普链条的集群整合

科技对现代社会的影响越来越深入，科技带来的生产方式、思维方式、社交方式、消费模式的变革，使科技知识成为现代社会的关键资源。科技资源科普化促进知识在社会更大范围内的流动和共享，通过对科技资源的整合和传递，使科技知识从过往只在科研主体内部流转，变为向全社会范围外溢，其结果使科技资源的效用得以最大化，并形成科技创新的多元化。覆盖全社会的科普产业共同体，凭借优化的科技资源在全社会的流动，提升了整个城市创新系统的创新效率。

探究理顺四类科技传播主体在创新链各个环节的多向互动关系，理解不同的主体的参与目标、动力机制、合作机制，成为构建科普产业链创新体系的关键。

（1）广州市在"科研—科普—科创"链条的前端，通过政策供给及激励机制，解决掌握科技资源人员的科普意愿问题，不断寻找新策略、新途径、新媒介、新方法，提高科研成果的显示度。

2023 年，广州市开展年度"广州十大科学传播达人"学习宣传活动。排名第一位的是香港中文大学（深圳）理工学院院长、广东省大湾区华南理工大学聚集诱导发光高等研究院创院院长唐本忠院士，他带领团队积极投身科普工作，打造科普媒介。作为两届诺贝尔化学奖提名者的唐本忠院士，出版了科普书籍《亮了亮了！我让万物发光》；创建了"聚集诱导发光 AIE""AIE 高等研究院""闻说科普"等三个科普公众号；结合重大科学实践、科研成果、社会热点等定期发布学术分享文章若干篇、科普文章 85 篇，总阅读量超过 10 万；联合广州市黄埔区科协制作科普视频"聚集诱导发光之指纹探秘"；推动多个科普基地建设，主持建设全国首个 AIE 科普展厅，建成后接待公众已超 10 万人次。

2022 年，广州市开展"广州市科普工作优秀单位、优秀科普工作者和优秀科技志愿者"学习宣传活动。引导广大科技工作者自觉践行科学家精神，开展《走进柴之芳院士专家工作站：用奋斗托举质谱强国梦》《点赞！一起来听广州女科技工作者的创新创造故事》《致敬！他们是 2022 年广州"最美科技工作者"》等弘扬科学精神主题报道。

截至 2023 年，"广东健康传播自媒体联盟"成员已超过 1000 家，其中"粤卫平台"关注人数超 1300 万，位列全国同类公号第三位；"粤妇幼"公号在短短一年间，从 100 名之外跃居全国同类第一。

2023 年，广州市启动"科普惠民，志愿同行"志愿服务驿站项目，通过志愿赋能，在 77 个志愿服务驿站传播科普知识，传达科技志愿服务精神。在志愿服务驿站开放日传播科普知识是广州市的一次创新，集中体现了广州科技志愿服务的特色，是推动广州市全民学习科学的重要举措。77 个志愿服务驿站除提供日常的科技志愿咨询服务外，每月开展不同主题的科普惠民常态化宣传志愿服务工作，借助电子屏播放科普视频或派发宣传资料。同年 7 月开展防溺水科普宣传，8 月开展"防震减灾"主题科技志愿服务。各个志愿服务驿站还举办群众喜闻乐见的科普主题活动，如科普接力赛、科普市集等，提高群众参与的兴趣与积极性，使群众积极投身践行科普知识传播，积极参与科普广州建设，引导社区居民以志愿者的身份参与科普推广活动，营造全民学科普的良好志愿服务氛围。

2022 年，广州市共有 270 多所学校 1.8 万多名中小学生参加中小学生天文知识学习竞赛；超 29 万人次参加青少年科技创新活动，其中参加青少年科技创新大赛各层级选拔项目 28007 项，进入市级决赛项目 4071 项。2022—2023 年参加第 37 届、第 38 届广东省青少年科技创新大赛成绩继续保持全省第一。2023 年 8 月，广州市执信中学陈立伟同学在第 37 届全国青少年科技创新大赛获得了最高奖项"中国科协主席奖"（全国仅 4 个项目获此奖项）。在 2022 年第八届中国国际"互联网＋"大学生创新创业大赛全国总决赛萌芽赛道，广州市夺得创新潜力奖 6 项。2022 年，广州市学校积极开展形式多样的"4·26"校园知识产权宣传教育活动，共有 680 多所学校约 70 万中小学生以线上的方式参与学习。

（2）广州市在"科研—科普—科创"链条的中端，着力于畅顺不同系统之间的资源对接和知识转移问题，推动科技资源的科普化应用，助力不同人群、不同形态的创新成果的转化。

2023 年 7 月广州市社会科学院发布的《广州城乡融合发展报告（2023）》显示，2021 年，广州乡镇人口总数达 705.92 万人，农村劳动力总数达到 486.12 万人，在广州的总人口中占比较大。广州市的农业人口无论是总数还是占比，均超过了全国其他同类城市。上海农业人口占全市人口 10%，深圳农业人口仅占全市人口的 0.5%。截至 2021 年底，广州市产业工人数量达到 440 多万人，同样位居全国前列。

广州市聚焦、助推科技的动力源，重点针对战略性新兴产业，深入实施产业工人科学素质提升工程，建立以龙头企业为主导、以院校为基础、以职业技能等级评价为纽带的"产教评"一体化职业技能培训体系，培育与广东现代产业体系发展相适应的具有创新意识、掌握新技术新技能、多元发展的产业工人队伍。2022年，广州市推动广州地区企业组织形式多样的职工培训活动，全年培训超30万人次。大力推进职业技能登记认定工作，新增汽车饰件制造工、弹簧工等9个职业12个工种，积极成立职业技能培训学校，自主开发"悦识"等线上职业培训平台。在"广州职工大学堂"开设手机摄影、视频制作、新媒体矩阵分析与讲解等48个课程，受训学员累计达1425人次。开展"粤菜师傅""广东技工""南粤家政"3项工程羊城行动，打造"羊城工匠杯"劳动和技能竞赛、"较真功·展才华"广州市职工发明创新大赛等品牌赛事，实施岗位练兵和技能提升活动，促进创新科技成果项目落地转化、产业工人科学素质提升。

广州市针对农民树立相信科学、和谐理性的思想观念，加强农村科普体系建设，开展高素质农民和农村实用人才培训，实施乡村振兴科技支撑行动。2022年，在全市打造了50个科普特色村，开展23期各类培训班，支持精准培育1600名高素质农民，组织遴选发布2022年广州市农业主导品种47个和主推技术25项。在全市认定农业技术推广示范基地30个、示范新优品种30个、先进适用技术22项，全年示范面积2万多亩，辐射带动面积18.6万亩。举办第十八届广州市农业新优品种（甜玉米）擂台赛，组织15家单位32个品种参赛，评选出4个综合性状优胜奖品种。组建10支省级农技服务"轻骑兵"小分队、15支市级农技服务"轻骑兵"小分队，深入田间地头、手把手服务，解决农业生产上遇到的"急难愁盼"技术难题，累计出动农技人员2472人次，服务企业1434家次，解决问题1983个次。认定777名乡土专家，为进一步夯实广州市农技服务基层队伍提供人才支撑。

与全国其他一线城市相比，广州市具有农业人口和工业人口占比较大，城市与周边地区差异化更明显两个特点。

（3）广州市在"科研—科普—科创"成果传播落地的后端，关注不同主体的合理分工，促成合作，注重科普的传播效果、转化效果与评估机制。

广州市建立起市科普工作联席会议制度，由广州市科协牵头，组织动员 37 个广州市科普工作联席会议成员单位和 11 个区，围绕青少年、农民、产业工人、老年人、领导干部和公务员五大重点人群开展工作，逐步形成"纵向到底、横向到边、共抓科普"的工作格局。

2022 年，广州市南沙区成立了全国第一个科技系统党组织"中国共产党广州南沙新区科技系统委员会"，成员单位达 25 家，进一步加强科协组织体系建设。2023 年，广州市南沙区被中国科协认定为"全国科普示范区"，这是一个城区科学普及发展水平的国家级最高荣誉。

广州市天河区广泛邀请辖内科技工作者、科创企业、科普基地签署科普战略合作框架协议，搭建"新型科普合作联盟"，打造"指尖上的科普地图"，形成政府、企业、科技工作者共同参与、共同推进的大科普工作格局。黄埔区奋力打响"黄埔少年科学院"品牌，16 街 1 镇均已揭牌成立少年科学院分院，构建"一镇一街一院士"的基层科普新组合；着力构建"黄埔 10 分钟科普活力圈"，以国家重点实验室、科研院所、高新企业、科普基地、孵化器、党群服务中心为载体，建立新时代科普实践基地近 400 家。

2020—2024 年，广州市筹集科普经费财政专项资金 6000 万元。广州市现有国家级科普教育基地 33 家、省级科普教育基地 228 家、市级科普基地 225 家。其中市级科普基地由广州市科技局和广州市科协联合认定命名，有效期为 3 年，到期的科普基地将重新进行考核，未到期的科普基地每年进行年度评估，并根据年度评估等次给予运行补贴。广州市科普基地每年平均组织面向大众的科普集中宣传 2～3 次，参加科普工作的专兼职人员近千人，投入补助资金 2000 余万元。其中，2022 年开展各类科普活动、科普讲座、科普讲解等超过 2.3 万场次，全年服务人次超过 1.67 亿。

（二）科普产业共同体实现跨界融合赋能

《关于新时代进一步加强科学技术普及工作的意见》明确指出要推动科普产业发展。培育壮大科普产业，促进科普与文化、旅游、体育等产业融合发展。推动科普公共服务市场化改革，引入竞争机制，鼓励兴办科普企业，加大优质科普产品和服务供给。鼓励科技领军企业加大科普投入，促进科技研发、市场推广与科普有机结合。加强科普成果知识产权保护。

理顺科普产业链，实现协同发展的关键在于：盘活优势资源，建强产业链，夯实创新链，构建起以产业联盟集群为核心的产业生态圈，实现全领域覆盖、上下游关联、成体系发展的科普内容创作、科普创新转化、科普消费市场。

广州市成立"广州科技传播联盟"，邀请广州地区各类媒体单位、国家重点实验室、省重点实验室、高新技术企业、各级科普基地、市科协团体会员等共同组成"广州科技传播联盟"成员单位，推动实现联盟优势资源整合与传播功能融合，强化全社会科普责任。加强健康科普制度建设，出台《广州市健康科普专家库管理办法》《广州市健康科普资源库管理办法》等政策性文件，从全市医疗卫生机构遴选 153 名专家组成首届广州市健康科普专家库，推动广州市健康科普工作规范化、制度化发展。

广州地区科普相关企业涵盖 11 个行政区。围绕广州市经济文化特色及优势，现阶段具有一定发展规模的业态有：科普展教、科普旅游、科普教育、科普游戏、科普网络信息、科普出版及音像等。至 2022 年，以文创赋能拉动文化装备制造、用文创推动制造业立市，VR 游艺设备产品已占全球市场 20% 的份额。

在科普与优秀文化的融合方面，广州市在 2022 年举办科普作品大赛，评选出市优秀科普图书 30 本（套）、优秀科普微电影和微视频 30 部。依托广州博物馆策划原创"何以广州——从文物读懂广州"文物故事特辑，开发"龙泉之美——馆藏龙泉青瓷展""越华路的故事"等多个线上科普展览以及"世界那么美 眼睛去旅行"VR 体验，推出"云游广州府"H5 小游戏、"决战观音山"剧本杀、"营建·镇海楼"主题研学课程等优质科普产品。

五、科技传播效力的大循环：促进大湾区科技传播与国际交流

广州市"十四五"规划关于科技创新空间，提出"一轴核心驱动、四核战略支撑、多点全域协同"的功能性布局。即广州要形成点线面多层次格局，促进区域联动、高效协同，强化与珠江沿岸高质量发展的衔接，集聚高端创新资源，提升重大创新节点能级，辐射带动广深港、广珠澳科技创新走廊建设。

与"十三五"规划中提出的"一江两岸三带"相比，广州国际科技创新枢纽的战略地位不断提升，战略内容不断拓展和深化，科技创新系统发展更具协同性。

广州市近年来逐渐建立起一套系统化、产业化、湾区国际化的科技传播体系。该体系具有三个特点：第一，搭建起"线上＋线下""场景＋情境"的即时、泛在的复合型传播体系。第二，逐步形成能持续提供有效供给的精准、全域的科普产业生态链条。广州地区的科普主体之间初步形成了科普产业共同体，四类科技传播主体之间形成了"科技资源—科普传播—成果转化—市场应用—科技资源"这一覆盖全社会范围的共同体循环链。广州地区的多元主体，都是科技传播的媒介——既是科普的对象，又是科普产品的供给者；既是创新者，又都是创新的受益者。第三，科普产

业共同体的外延不断拓展，因地制宜，结合大湾区与南粤文化、科技、经济特点的科技传播模式，形成并助推具有大湾区特色的打通国际国内交流的大循环。

广州市注重科学素质国际交流合作，拓展科学素质建设交流渠道和国际科技人文交流渠道，搭建开放合作平台，丰富交流合作内容，增进文明互鉴，推动价值认同，提升开放交流水平。着力构建科技传播与科普产业发展之间的循环机制，打通大湾区科技传播与国际交流的大循环。

2023年，广州市科技工作任务之一就是打造大湾区高水平人才高地核心引擎：依托重点平台，加快吸引聚焦战略科学家、一流科技领军人才和创新团队、青年科技人才。广州科技传播工作的重点是通过充分发挥大湾区的文化与创新特色，打通大湾区科技传播与国际交流的大循环，助力"广聚英才"人才工程，打造"广为人知"人才文化品牌，以科技创新的城市氛围提升对人才的吸引力和集聚力，筑牢世界级科技创新中心的人才基石，进一步提高广州市的城市创新指数，提升广州市创新系统的创新效率，助力国家战略科技实力的提升。

广州市在2022年举办穗港澳青少年科技交流活动，吸引三地近6000名中小学生参加6个科技项目的交流展示和竞赛；组织开展2022年穗港澳台青少年科技体育模型夏令营暨海陆空模型铁人三项邀请赛活动，超过35所学校近1000名师生参与交流展示和作品评审；组织粤港澳大湾区创客教育交流研讨活动，征集作品1000余件，入围初评及交流展活动作品400件，为扎实提升青少年科学素质，培养和选拔科技创新人才夯实基础。

同时，全面实施"广聚英才"人才工程，构建认定遴选择优并重的高层次人才选拔体系。依托广州实验室、华南国家植物园、香港科技大学（广州）等重大平台，加快吸引集聚战略科学家、一流科技领军人才和创新团队、青年科技人才。实施重点产业人才开发"一区一品"培育工程。

构建"穗岁平安"综合服务保障体系。深化"人才政策宣讲官"制度，打造"广为人知"人才文化品牌，提升对人才的吸引力和集聚力。

充分发挥"双区"的改革开放试验田和窗口作用，强化粤港澳大湾区对外开放水平高的综合优势，大力推动粤港澳大湾区创新文化建设融合发展，共筑世界级科技创新中心人才高地。进一步强化新时代科普工作价值引领功能，坚持科技为民和科技向善的价值导向，弘扬广东务实创新的科学精神，引领粤港澳大湾区科学思想潮流，形成有巨大辐射力、生命力的创新文化氛围。深入实施科学素质国际交流与合作工程，立足众多国际友好城市和世界侨乡的既有优势，拓展科学素质建设交流渠道，搭建开放合作平台。办好、多办包括大湾区科学论坛在内的国际交流活动，探讨全球科学趋势，讲好湾区科技故事，营造浓郁科创氛围，打造全球一流科技创新人才向往聚集地。

六、科技传播体系建设的发展机遇与挑战

随着新一轮科技革命与产业变革的快速发展，科学技术本身与传播技术更新迭代的速度都日益加快，呈现出指数级增长态势。一方面，科技传播在理念、内容、技术、策略等方面都需要创新性探索与实践，让"科研—科普—科创"链条上的多元主体能够更加深刻地理解科技，并实践创新；另一方面，科技传播要从单纯的"内容传播""信息传播"向着"思想传播""价值传播"的方向转变。

（一）技术创新：以智赋能，构建新媒体集群

智能技术赋能下的信息传播重塑传媒业态，对信息传播流程中"人与人""人与物""物与物"之间的关系产生深刻影响。在万物互联的泛在

空间中，个人、组织、物品都是信息节点，各要素之间具有互融、互动、共存的关系特征。

5G 的高速、低延迟和智能终端的发展，极大地提升了用户的临场感和沉浸度，主体之间连接的感知和反应不再受到时间、空间的限制。新技术带来了新的传播形式和新的传播场景，如以 VR 技术为基础的产品和服务将在传播中逐步普及。智能时代的互动和浸入式内容对接了虚拟与现实，实现全感官融合，重塑受众与内容之间的关系。二维的影像升级为三维的"体感"，受众在阅读信息的同时，也能获得听觉、视觉、触觉、嗅觉等多种感官的体验，拓展了交流的渠道与空间。

未来，互动体验将被越来越多的用户所关注。科技传播内容也将会朝着沉浸式、互动化的方向发展。社交式传播、感官型互动将成为内容创作的一个重要方向。VR/AR 视频内容的发展与完善将会创造出新的消费习惯，成为科技传播体系创新和科普产业市场化需要关注的重点。

广州市长期以来一直注重实施科普信息化提升工程，提升科普传播能力，坚持需求导向，大力实施"互联网＋科普"行动，早在 2020 年就创新性地推出了"科普广州"信息化平台项目。2022 年，在"科普广州"网站、微博、微信等平台共计发布相关推文 1207 篇次，在抖音号等视频类平台发布共计 295 个视频，总传播量为 6138.5 万。其中"未来科学家""科博士实验室"两个系列共 19 个视频登上"学习强国"平台，在"看科技"频道首页开辟专栏刊播。

"科普广州"搭建智慧媒体矩阵，多平台进行科普资讯同步分发，全方位推进科普理念、科普内容、表达方式、传播手段、服务模式等创新，不断拓宽科学传播渠道，推进科普资源开发，满足公众泛在化、多样性、个性化获取科普信息的需求。

同时，"科普广州"不断探索科技传播新模式，以"权威有趣科学、专家做客直播"为主，创新科普表达方式。"权威有趣科学"注重原创科普内容生产及权威信息汇聚，策划"科博士实验室""科博士带你游主题博物馆"等原创栏目，并利用图文、条漫、短视频、直播、H5 交互等全媒体手段为市民提供优质科普内容，确保科普不断线。"专家做客直播"推出"广州科普大讲坛""世界读书日"等专题活动，邀请知名院士专家学者解读国家战略发展目标、普及前沿科学技术知识、探讨社会热点难点中的科技问题，同时视频内容于"学习强国"、"科普中国"、省市干部网络培训学院等多平台播放，进一步提升科普精准化服务水平。

（二）策略创新：打造"院士级网红"，扩建传播生态"朋友圈"

社会心理学家霍夫兰论证了信息来源的"专业性"和"可信赖性"是大众传播的两个决定性因素。"网红"的个人形象使得传播主体更具吸引力和人格魅力，而其所传播的内容也更容易被传播对象所接受。对科普工作而言，科普人员就是重要信息源。高质量科普取决于科普人员扎实的科学知识基础和对科学知识的深刻理解，以及转化为公众易于接受的科普语言和呈现形式的能力。以院士群体为例，他们既是中国科技界的优秀代表，是推进高水平科技自立自强的重要力量，也是践行高质量科普的重要群体，具有独特特征和显著优势。

2023 年 7 月，习近平总书记给参加"科学与中国"院士专家代表的回信：院士们"积极参加'科学与中国'巡讲活动，广泛传播科学知识、弘扬科学精神，在推动科学普及上发挥了很好的作用"。

广州"院士专家校园行"项目是专门为广州地区中小学生精心策划、量身打造的品牌科普活动。2022 年，该项目邀请了 44 位科技专家走进广州地区 157 所中小学校为 4 万多名青少年开展科普讲座 157 场；2023 年上半年，该项目邀请了 27 位科技专家走进广州地区 72 所中小学校为 2.4 万多名青少年开展科普讲座 72 场。让科学"网红"讲好科学故事，让院士与他们的科技知识成为青少年，尤其是城郊地区青少年的"朋友圈"的延伸，以科学家的人格魅力感染青少年，在有效提升青少年对研究前沿的认知的同时，进一步激发青少年对科技探索与创新实践的热情。

为推动农村地区青少年科学素质进一步提升，该项目还优先安排专家前往偏远的涉农地区的中小学校开展科普讲座。2022 年，广州"院士专家校园行"组织各领域专家前往白云、黄埔、番禺、南沙、增城、从化等偏远涉农地区的 108 所中小学校开展了科普讲座 108 场，3.8 万名青少年聆听了科普讲座，涉农地区的科普讲座场数占 2022 年全年科普讲座的 68.8%。2023 年上半年，广州"院士专家校园行"在偏远涉农地区的 59 所中小学校开展了科普讲座 59 场，占同期科普讲座的 81.94%，1.9 万名青少年受益。科普讲座活动有效促进涉农地区青少年科普教育均衡发展，在教育"双减"中做好科学教育的加法，助力广州市乡村振兴科学素质提升行动。

（三）内容创新：从"信息传播"向"思想传播""价值传播"转化

从科学角度来看，在复合媒介中不同的传播手段只有形式上的差异，没有导向上的差别。要进行供给侧改革，提高科普内容的传播率、到达率、转化率，降低谣言的扩散，应着眼于内容建设。

中国互联网信息中心（CNNIC）发布的报告显示，截至 2022 年，中国网民规模达 10.51 亿，普及率达到 74.4%，其中手机网民占整体网民的 99.6%。随着互联网的发展，数字化阅读也日渐普及。中国新闻出版研究院 2022 年 4 月发布的《第十九次全国国民阅读调查》显示，2021 年，中国成年国民包括书报刊和数字出版物在内的各种媒介的综合阅读率为 81.6%；数字化阅读方式的接触率为 79.6%。77.4% 的成年国民进行过手机阅读，在媒介接触时长中，成年国民人均每天手机接触时间最长，为101.12 分钟。

传统文本主要采用文体形态单一的文字符号或者图文互文，而以微信公众号为代表的新媒体则具有更加丰富的表达，除静态图像以外，还有动态图像、表情符号、视频、音乐、超链接等多模态话语符号。多模态话语形式的运用会使文本更加生动、全面，在增加对受众的视听觉刺激的同时加强文本中文字的表现力，提升文本的叙事功能和表意功能。但是过多的或者低质量的多模态话语组合，反而让读者的阅读仅仅停留在浅层的视听觉刺激层面，无法体会文字背后的张力和意境，更难以接触到文字背后想要传递的思想与价值观。

数字阅读在某些时候会造成"知识幻觉"，科学传播应当避免进入这种误区，通过切实有效的传播内容和手段来提升公众的科学素养；围绕新科技、新应用带来的科技伦理、科技安全、科学谣言等方面，开展科学素质建设理论与实践研究；深入开展科普对象、手段和方法等研究，打造科学素质建设高端智库。

微信安全团队早在 2016 年发布的《微信年度谣言分析报告》中就指出，谣言作者更加倾向于在文章中使用大量图片，以此来增强"形式上"的吸引力，并诱导读者产生"眼见为实"的错觉。在微信平台流行的谣言中，文章往往包含大量的图片，每篇谣言平均搭配 3.56 张图片。谣言发布者的根本目的在于吸引眼球、获取流量，进而将其转化为经济利益。谣言发布者往往以感官刺激为手段，通过引发读者的焦虑和不安来达到这一目的。

以大语言模型为突破点的人工智能的兴起，人工智能创造的内容的真实性、权威性、专业性和可信赖度让全球重新审视数字化趋势下的内容安全与行业规范。传播技术的进步仍然需要"以人为本"，以科学精神为价值导向，而非任由技术主导下的无序溢出。

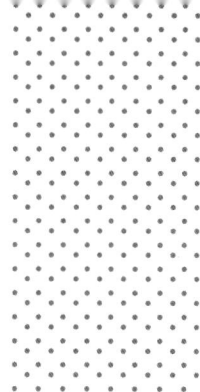

第二章

理念篇

第一节　科技传播与科学普及

科技传播是以科学精神为指导、以科学方法为手段、以科学知识为载体的信息传递活动，其目的是在全社会范围内促成科学思想的交流，形成创新、自信的科学氛围。

科技传播是科学普及在当下的一种表述形式。科学普及在不同的社会发展时期，有不同的表述形式，这些带有鲜明时代特色的概念和表现形式，体现着特定历史时期的社会、经济、文化、科技的发展特征。

一、科学普及的不同表述与特征

科学普及（即科普），是科学技术普及的简称。1997 年"科普"一词被收入《现代汉语词典》，科普这一简称成为一个标准术语，其含义就是"科学普及"，即把科学知识普遍地传递到某个地区或范围，普遍推广，使其大众化。

传递科学知识，使其大众化，是一个信息传递的过程，一切传递信息的方式和行为在泛义上都属于传播。传播是指两个相互独立的系统之间，利用一定的媒介和途径所进行的、有目的的信息传递活动。

科普在全球其他地区又被称为 Science Communication（直译：科学传播），Public Understanding of Science（直译：公众理解科学），Public Communication of Science & Technology（直译：科学与技术的公共传播）。

2002 年颁布实施的《中华人民共和国科学技术普及法》使用了科普的全称，即科学技术普及。同年，曾任北京大学科学与社会研究中心副主任，北京大学哲学系科学技术哲学教研室主任的瞿杰全教授出版了《让科技跨越时空：科技传播与科技传播学》，并将科技传播定义为"科技知识信息通过跨越时空的扩散而在不同个性间实现知识共享的过程"。

2005 年，中国科协与清华大学合作成立了"中国科协—清华大学科技传播与普及研究中心（Center for Science and Technology Communication and Popularization of CAST and Tsinghua University）"。中国科协使用了"科技传播"的表述形式。

2016 年，习近平总书记在"科技三会"上开创性地提出具有战略意义的理论："科技创新、科学普及是实现创新发展的两翼，要把科学普及放在与科技创新同等重要的位置。"此处的"科学普及"是包括普及科学技术知识、倡导科学方法、传播科学思想、弘扬科学精神在内的一切内容的总称。

国际上所使用的科学传播，或公众理解科学，仅仅表达科学内容的传递，没有对传播涉及的多元主体、复合多维的交流体系、实现手段和媒介进行定义。瞿杰全教授的"科技传播"提出了科技知识在不同人群间的共享交流过程，相比他自己在 1985 年论述的"科学传播"的概念，此时的"科技传播"对多元主体的传播新形式有了进一步的明确。

2016 年，习近平总书记提出的"两翼理论"中的"科学普及"，与过往的概念相比，已不再是传统意义上的简单的科学和技术内容的交流与共享，也不仅仅是公众对于"科学"的理解，而是国家和社会普及科学技术知识、倡导科学方法、传播科学思想、弘扬科学精神的一切活动的总称。

2021 年 6 月，国务院印发了《全民科学素质行动规划纲要（2021—2035 年)》，为科普和科学素质建设做出了重要部署。2022 年 8 月，科技部联合中宣部、中国科协出台了《"十四五"国家科学技术普及发展规划》，明确了"十四五"期间国家科普事业的指导思想、主要目标和重要任务。2022 年 9 月，中共中央办公厅、国务院办公厅随后印发了《关于新时代进一步加强科学技术普及工作的意见》。"两翼理论"这一战略思想的提出，以及随后的系列政策，明确了当今形势下"科学技术普及"的定义、特征及与之相关的要素构成。

科学技术普及活动，在当下有了更清晰的概念：以科学精神为指导，以科学方法为手段，以科学知识为载体的信息传递活动，其目的是在全社会范围内促成科学思想的交流，形成创新、自信的科学氛围。

科技传播是科学普及在新的社会、经济、文化、科技发展阶段的一种表述形式，包含了科学精神、科学方法、科学知识、科学思想在内的科普活动在传播领域的总称。根据经典传播学的理论，传播行为涉及五个要素，一是传播者，二是受众，三是传播的方式与媒介，四是传播的内容，五是形成的结果。社会在不同的发展时期，五个要素呈现不同的特点。当下的科技传播有四个特征，第一是传播者与受众之间关于科学内容的互动交流，而非过往的单向传递；第二，这一交流过程所采用的方式方法，遵循科学的精神，采用科学的手段；第三，交流过程从空间上来说，将外延至全社会范围，从时间上来说，将覆盖一个人的终身学习；第四，从结果来看，科技传播将在全社会范围内形成崇尚科学与创新的氛围，提高科技成果的转化速度，提升国家科技创新的实力。

二、科技传播跨入新时期

科技传播是科学普及在当下的一种表述形式。在这一时期，科技传播是以科学精神为指导，以科学方法为手段，以科学知识为载体的信息传递活动，其目的是在全社会范围内促成科学思想的交流，形成创新、自信的科学氛围。

经典的传播学模式，认为所有的传播行为都是在回答五个问题，即传播学中所说的"5 个 W"：谁（Who）、对谁（To whom）、说了什么（Says what）、通过什么媒介（In which channel）、取得什么效果（With which effects）。

从当今全球传播生态的特质来看，科技传播跟文化传播及其他一切传播相类似，都不再是单向的内容输出，内容的创作者、输出者同时也是受众，而接收者也可以是内容的再创作者与再传播者。在当代"科技传播"这个特定的传播生态圈中，全社会参与者既是受众，同时也是传播者；传播的内容是科学知识，以科学精神指导下的科学方法为媒介，并经由科学思想的循环交流，构建起创新、自信的社会氛围，由信息交换产生的社会效益与经济效益，在循环中被再次投入"科研—科普—科创"中，形成生生不息的科普生态链条。

2016 年以来出台的关于科普的战略性规划与过往的系列政策相比，在科普的主体、对象、内容、形式、目标方面都发生了重要的变化。换言之，关于科学普及的传播模式的五个要素都发生了变化。其原因在于三个方面：

第一，中国公民素质跃升至新阶段。根据中国科协与国家统计局合作开展的第十二次中国公民科学素质抽样调查结果，2022 年全国公民具备科学素质的比例达到 12.93%，包括广州地区在内的部分地区公民科学素质水平已接近发达国家水平，中国公民整体的科学素质发展水平已进入了新阶段。

与此同时，根据中国互联网络信息中心发布的第 52 次《中国互联网络发展状况统计报告》，截至 2023 年 6 月，中国网民规模达 10.79 亿人，较 2022 年 12 月增长 1109 万人，互联网普及率达 76.4%。中国移动电话基站总数达 1129 万个，累计建成开通 5G 基站 293.7 万个，占移动基站总数的 26%；移动互联网累计流量达 1423 亿 GB，同比增长 14.6%；移动互联网应用蓬勃发展，国内监测到的活跃 App 数量达 260 万款，进一步覆盖网民日常学习、工作、生活等多方面。同时，网民数字技能的发展总体向好。

在通信设施建设这一物质基础与公民科学素质这一人力因素双双到达新阶段的前提下，科普的主体与科普的对象具备了外延至整个社会的基础，科普的形式将更多地借助互联网及各种智能技术，科普的目标从过往科学知识的单向输出，变为经互动交流融合吸收后，再形成科技创新的这一更高的目标。

第二，生产力的发展动力转向科技创新。当下，中国经济正处于向着技术创新型发展转型的关键时期。"十四五"规划提出，至 2035 年，中国进入创新型国家前列，建成科技强国。

根据国家统计局 2022 年 9 月发布的数据，中国科技进步贡献率由 2012 年的 52.2% 提升至 2021 年的 60% 以上，农业科技进步贡献率由 53.5% 提高至 60% 以上。根据工信部的数据，2022 年，中国全部工业增加值突破 40 万亿元大关，占 GDP 比重达到 33.2%；其中制造业增加值占 GDP 比重为 27.7%，制造业规模连续 13 年居世界首位。中国拥有 41 个工业大类、207 个工业中类、666 个工业小类，是全世界唯一拥有联合国产业分类中全部工业门类的国家。中国已建成全球规模最大、技术领先的移动通信网络。中国图像识别、语音识别走在全球前列，5G 移动通信技术率先实现规模化应用。2020 年，中国移动支付使用率达到86%，位居全球第一，是世界平均水平的2.5 倍。全国在用数据中心超过650 万标准机架，算力总规模位居世界第二。重点工业企业关键工序数控化率达到58.6%，数字化研发设计工具普及率达到77%。

目前，新一轮科技革命和产业变革与中国加快转变经济发展方式形成历史性交汇，国际产业分工格局正在重塑。面对错综复杂的环境与快速变化的形势，中国深入研判形势，努力把握历史机遇，抓住实现跨越的机会，提出要实现由"制造大国"向"制造强国"转变的战略。而要实现这一转变，推进中国经济和产业格局的根本性变化，就必须持续加强科技创新，加快从要素驱动向创新驱动转变，走创新驱动的发展道路，才可以为建设制造强国保持和增强持续的战斗力与耐力，才可确保为实现中华民族伟大复兴提供坚实的产业支撑。

习近平总书记在二十大报告中强调，必须坚持科技是第一生产力、人才是第一资源、创新是第一动力，深入实施科教兴国战略、人才强国战略、创新驱动发展战略，开辟发展新领域新赛道，不断塑造发展新动能新优势。坚持创新在中国现代化建设全局中的核心地位，并进一步明确提出健全新型举国体制，强化国家战略科技力量的重要任务。

2016 年，习近平总书记创造性地提出"两翼理论"，将科学普及和科技创新放到同等重要的位置上，为推动创新发展做出了战略性指导。从科研成果向着科技创新转化之间的重要的环节是科技传播。科技传播带来科学技术知识与内容在全社会范围内的流动与创新转化，促使公众科学素养适应社会迅速发展的要求，建立起宏大的高素质创新大军，推进建设创新型国家。

第三，建成世界科技强国的文化自信。十八大以来，习近平总书记在多个场合谈到文化自信，在国内外不同场合的活动与讲话中，展现了中国政府与人民的精神志气，提振了中华民族的文化自信。

习近平总书记指出："我们要坚持道路自信、理论自信、制度自信，最根本的还有一个文化自信。"文化自信是一个民族、一个国家以及一个政党对自身文化价值的充分肯定和积极践行，并对其文化的生命力持有的坚定信心。党的十八届五中全会提出了创新、协调、绿色、开放、共享的新发展理念，这既是对当代中国发展理论的重大贡献，也是对中华文明优秀传统的最好继承与创新。

至 2035 年，中国要进入创新型国家前列，建成科技强国。能够持续地输出重大原创科技成果，成为全球的科学中心与创新高地，不断改善中国人民的生活水平，为世界贡献创新发展的力量。在新的历史时期的自立自强，展现的是中华民族文明的力量，是文化自信的来源，也是文化自信的表现。驱动国家范围内的创新力量发展的科普活动也在新历史时期被赋予了更高的要求和期望。

三、新时期科技传播的积极变化

与过往历史时期相比，新时期的系列政策对于科技传播的主体、科技传播的对象、科技传播的内容、科技传播的媒介、科技传播的目的，都有了相应的变化，并做出了明确的指示。

（1）科普主体社会化。新的系列政策将承担科普责任的主体从过往的政府、科研科技部门向全社会范围延伸。《关于新时代进一步加强科学技术普及工作的意见》进一步将全社会主体分为 8 类，并逐一明确了这 8 类主体在科普活动中应承担的职责：

①政府制定政策；

②主管部门履行行政管理、统筹协调、督办评价等职责；

③科学技术协会发挥科普工作主要社会力量作用，各级科学技术协会履行全民科学素质行动牵头职责，强化科普工作职能，加强国际科技人文交流，提供科普决策咨询服务；

④学校和科研单位，既要研究，教学，也要参与到科学内容的传播工作中来；

⑤企业要加入到科学普及科普产业的发展中；

⑥媒体要发挥传播渠道重要作用；

⑦科技工作者既要发挥自身优势和专长，积极支持并参与科普活动，自觉承担科普责任，运用公众易于理解、接受和参与的方式开展科普；

⑧公民要自觉学习，抵制伪科学、抵制反科学、抵制流言。

对科普主体的多元化扩展有利于开展社会化大科普战略，深化科普内容的产出供给。

（2）科普对象个性化。强化科普在终身学习中的作用。在这一层面上，科普的对象被分为面向基础教育的青少年，领导干部和公务员，面向职业教育的农村居民和产业工人，老年人。

（3）科普内容专业化。一方面要展开全领域行动、全地域覆盖、全媒体传播、全民参与共享的全域科普行动。在建设科技场馆、科技场所等基础设施之外，要加强科普内容的供给侧改革，提供高质量科普产品。另一方面，要注重网络谣言防治，关注伪科普带来的舆情，抵御伪科学及不良价值观的传播。

（4）科普媒介科技化。科普本来就是要以科学方法为手段，关注传播的新趋势，善用新技术、探索新渠道、发掘新形态。

（5）科普产业市场化。除了提升公民科学素质的目标外，还要提升科普活动的效益，要做到有质量、有效果。同时要推动科普产业发展，实现科普与文化、旅游、体育等产业融合发展。推动科普公共服务市场化改革，引入竞争机制，鼓励兴办科普企业，加大优质科普产品和服务的供给。

第二节　科技创新与科技传播

2016 年，习近平总书记在"科技三会"上开创性地提出具有战略意义的理论："科技创新、科学普及是实现创新发展的两翼，要把科学普及放在与科技创新同等重要的位置。"

一、2025 年科技创新与科技传播成效汇聚

习近平总书记围绕科技创新，提出一系列新思想、新观点、新论断、新要求，对中国科技创新发展做出前瞻性、战略性、全局性谋划。实现"两个一百年"奋斗目标，实现中华民族伟大复兴的中国梦，必须坚持走中国特色自主创新道路，面向世界科技前沿、面向经济主战场、面向国家重大需求，加快各领域科技创新，掌握全球科技竞争先机。

习近平总书记强调，创新发展理念首要的是创新，要保持锐意创新的勇气，抓住时机，瞄准世界科技前沿，全面提升自主创新能力。新时期、

新形势、新任务要求我们在科技创新方面有新理念、新设计、新战略。我们要深入贯彻新发展理念，深入实施科教兴国战略和人才强国战略，深入实施创新驱动发展战略，统筹谋划，加强组织，优化中国科技事业发展总体布局。

从科技创新的角度，新一轮科技革命和产业变革与中国加快转变经济发展方式形成历史性交汇，国际产业分工格局正在重塑，必须紧紧抓住这一重大历史机遇，推进实施"中国制造 2025"，将中国从一个制造业大国转变为制造业强国。"中国制造 2025"是一项国家战略，是中国实施制造强国战略第一个十年的行动纲领。要贯彻落实"中国制造 2025"，就必须加强科技创新，坚持把创新摆在制造业发展全局的核心位置，大力推动突破一批重点领域关键共性技术，促进制造业向数字化、网络化、智能化方向发展。

《关于新时代进一步加强科学技术普及工作的意见》中指出，国家科学普及发展目标为：科普服务创新发展的作用显著提升，科学普及与科技创新同等重要的制度安排基本形成，科普工作和科学素质建设体系优化完善，全社会共同参与的大科普格局加快形成，科普公共服务覆盖率和科研人员科普参与率显著提高，到 2025 年公民具备科学素质比例超过 15%。到2035 年，中国公民具备科学素质比例达到 25%，科普服务高质量发展能效显著，科学文化软实力显著增强，为世界科技强国建设提供有力支撑。

二、广州科技创新的目标与路径

2022 年 2 月广州市政府办公厅印发的《广州市科技创新"十四五"规划》明确广州市科技创新的总目标是：到 2025 年，将广州打造成世界重大科学发现和技术发明先行之地、国际科技赋能老城市新活力的典范之都、全球极具吸引力的高水平开放创新之城。同时，《广州市科技创新"十四五"规划》中明确了用以支撑实现上述目标的"五大任务"与"十大工程"。

1. 广州科技创新的定位目标

广州聚焦"科学发现、技术发明、产业发展、人才支撑、生态优化"全链条创新发展路径这"一条主线"，锚定共建粤港澳大湾区国际科技创新中心和建设科技创新强市的"两个目标"，打造世界重大科学发现和技术发明先行之地、国际科技赋能老城市新活力的典范之都、全球极具吸引力的高水平开放创新之城的"三个定位"，坚持面向世界科技前沿、面向经济主战场、面向国家重大需求、面向人民生命健康"四个面向"，实现创新策源能力、技术攻关能力、科技赋能能力、人才支撑能力、创新生态活力"五个提升"，力争至 2025 年，科技创新整体实力达到世界主要城市先进水平。

《广州市科技创新"十四五"规划》包含了"十四五"时期广州市科技创新的 12 个主要的目标性指标（见表 2－1）。

表 2－1　"十四五"时期广州市科技创新的 12 个主要目标

类别	序号	2025 年科技创新的目标
科学发现	1	基础研究经费支出占全社会支出比重达 15%
	2	省级以上战略科技创新平台数达 320 个
技术发明	3	每万人口高价值发明专利拥有量达 30 件
	4	技术合同成交额超过 3000 亿
	5	国家级科技企业孵化器数超过 60 家
产业发展	6	规上工业企业研发经费与营业收之比达 1.7%
	7	高新技术产品产值占规模以上工业总产值比重达 55%

（续上表）

类别	序号	2025 年科技创新的目标
人才支撑	8	引进海外人才数达 1.8 万人
	9	每万名从业人员中从事 R&D 研究人员比重达 150 人年/万人
生态优化	10	研发经费支出（R&D）占地区生产总值比重达 3.4%
	11	新增上市科技型企业 60 家
	12	公民具备科学素质比例达 24.5%

（数据来源：《广州市科技创新"十四五"规划》）

2. 广州科技创新的空间布局

广州把"十四五"时期科技创新发展空间布局放在重要位置，要构建以"一轴四核多点"为主的科技创新空间功能布局，形成"一轴核心驱动、四核战略支撑、多点全域协同"的点线面多层次格局，促进区域联动、高效协同，强化与珠江沿岸高质量发展的衔接，集聚高端创新资源，提升重大创新节点能级，辐射带动广深港、广珠澳科技创新走廊建设。

"一轴"是承载广州未来经济发展引擎的主脉络，它以中新广州知识城和南沙科学城为极点，链接全市域科技创新关键节点的科技创新轴，致力打造为新时代广州城市发展第三中轴线。"四核"即广州人工智能与数字经济试验区、南沙科学城、中新广州知识城、广州科学城"一区三城"创新核。"多点"即在全市范围内推动重要片区、科技园区、创新型商务区组群式发展。"一轴四核多点"布局将推动在更大范围、更高层次汇聚高端创新资源，形成优势互补、各具特色、高质量发展的区域创新格局。

3. 广州科技创新的重点领域

广州"十四五"时期要在战略前沿与基础研究领域、前沿技术与重点产业领域、城市治理与民生科技领域这三个领域加强技术领域系统部署，集中力量突破一批关键核心技术，催生一批具有引领性、带动性的科技前沿成果。

其中，战略前沿与基础研究领域有 4 个重点：生命科学、海洋科技、半导体与集成电路、空天科技。前沿技术与重点产业领域有 7 个重点：新一代信息技术、人工智能与数字经济、生物医药、新能源、新材料、先进制造、文化科技与现代服务业。城市治理与民生科技领域有 4 个重点：综合治理与公共安全、资源开发与绿色低碳、现代农业与生物安全、卫生应急与健康保障。

4. 广州科技创新的发展路径

广州科技创新要走一条全链条发展的创新路径。为实现这一总目标，广州将执行目标分解为"五大任务"和"十大工程"。

"五大任务"包括：一是聚焦科学发现，强化国家战略科技力量，加强基础研究系统部署，挖掘高校科技创新潜能；二是抓好技术发明，打好关键核心技术攻坚战，推动科技成果转移转化，促进孵化育成体系提质增效；三是引领产业发展，加快推动高新区和高新技术产业发展，促进数字经济和产业发展深度融合，提升城市治理效能，推动科技惠及社会民生；四是强化人才支撑，引进培养高水平科技创新人才，着力激发创新人才活力，推进创新人才国际化；五是优化创新生态，深化科技体制机制改革，强化国际科技合作，推动科技金融发展，加强科普与创新文化建设。

"十大工程"包括：实验室体系建设、国家技术创新中心建设、重大科技基础设施建设、高水平科研院所建设、产业技术创新平台建设、科技成果转化平台建设、高新区培育、科技企业主体培育、创新人才引培、穗港澳协同创新机制构建。

三、广州科技传播的定位与思路

《广州市科技创新"十四五"规划》中的 12 项主要目标之一是：至 2025 年，全市各人群科学素质发展更加均衡，科普供给侧改革成效显著，公民具备科学素质的比例从 2020 年的 17.4% 上升至 24.5%。

2022 年，科技部、中央宣传部和中国科协联合发布的《"十四五"国家科学技术普及发展规划》对于"科技创新"与"科学普及"如何实现两翼齐飞，助力科技成果转化，明确指出：一方面，发挥科技创新对科普工作的引领作用。大力推进科技资源科普化，加大具备条件的科技基础设施和科技创新基地向公众开放的力度，因地制宜开展科普活动。各级各类科技计划（专项、基金）要合理设置科普工作任务，充分发挥社会效益。注重宣传国家科技发展重点方向和科技创新政策，引导社会形成理解和支持科技创新的正确导向，为科学研究和技术应用创造良好氛围。另一方面，发挥科普对科技成果转化的促进作用。聚焦战略导向基础研究和前沿技术等科技创新重点领域开展针对性科普，在安全保密许可的前提下，及时向公众普及科学新发现和技术创新成果。引导社会正确认识和使用科技成果，让科技成果惠及广大人民群众。鼓励在科普中率先应用新技术，营造新技术应用良好环境。推动建设科技成果转移转化示范区、高新技术产业开发区等，搭建科技成果科普宣介平台，促进科技成果转化。

2021 年 11 月，广东省政府印发《广东省全民科学素质行动规划纲要实施方案（2021—2025 年）》。2022 年 3 月，广州市政府印发《广州市全民科学素质行动规划纲要实施方案（2022—2025 年）》，其中进一步明确新时期广州市提升公民科学素质工作的三项重点：一是坚持协同推进，发挥政府在公民科学素质建设中的主导作用，加强统筹协调、政府支持、投入保障，激发高等学校、科研院所、企业、社会团体、基层组织、科学共同体等多元主体活力，激发全民参与积极性，构建政府、社会、市场等协同推进的社会化科普大格局；二是深化供给侧改革，推动科普内容、形式、手段等创新提升，满足全社会对高质量科普的需求；三是扩大开放合作，开展更大范围、更高水平、更加紧密的国际交流合作，推动经验互鉴和资源共享，助力共建粤港澳大湾区国际科技创新中心，营造"要创业到广州、要创新来广州"的良好的社会科创氛围。

第三节　科技传播政策与理念

2021 年 6 月，国务院印发《全民科学素质行动规划纲要（2021—2035 年)》。2022 年 9 月，中共中央办公厅、国务院办公厅印发《关于新时代进一步加强科学技术普及工作的意见》。2021 年 12 月，广东省人民政府印发《广东省全民科学素质行动规划纲要实施方案（2021—2025 年)》。2022 年 3 月，广州市人民政府印发《广州市全民科学素质行动规划纲要实施方案（2022—2025 年)》。这一系列的政策，与过往相比，对于科技传播的主体、科技传播的对象、科技传播的内容、科技传播的媒介、科技传播的目的，做出了明确的指示，同时决定了科技传播在提升理念方面的需要。

一、科技传播理念三个维度的提升

第一，科技传播与科技创新协同发展。《关于新时代进一步加强科学技术普及工作的意见》明确指出要以习近平新时代中国特色社会主义思想为指导，坚持把科学普及放在与科技创新同等重要的位置，强化全社会科普责任，提升科普能力和全民科学素质，推动科普全面融入经济、政治、文化、社会、生态文明建设，构建社会化协同、数字化传播、规范化建设、国际化合作的新时代科普生态，服务人的全面发展、服务创新发展、服务国家治理体系和治理能力现代化、服务推动构建人类命运共同体，为实现高水平科技自立自强、建设世界科技强国奠定坚实基础。

《广州市科技创新"十四五"规划》中也把科技传播工作与科技创新工作并列，同时作为广州 2025 年要实现的科技发展的目标。即至 2025 年，全市各人群科学素质发展更加均衡，科普供给侧改革成效显著，公民具备科学素质比例达到 24.5%。

第二，公益性科普事业与市场化科普产业协同发展。科技传播是实现科技资源科普化和科普产业市场化，打通"科研—科普—科创"链条、实现创新发展"两翼"齐飞的关键路径。覆盖全社会范围的多元主体，本身都是科技传播的媒介，既是科普的对象，又是科普产品的供给者；既是创新者，又都是创新的受益者。

《广东省全民科学素质行动规划纲要（2021—2025 年）》中指出，"科技资源科普化工程"是"十四五"时期的五项重点工程之一。达成目标的路径分两个层面：一是实施科技资源科普化专项行动，强化科技工作者的科普责任，建立完善科技资源科普化机制；二是实施科普产业繁荣工程，加强对科普产业发展的宏观指导和政策扶持，推动科普市场化产业化。

2023 年 7 月，广东省科普工作现场推进会暨省科普工作联席会议第一次会议召开。广东省委常委、副省长王曦强调，各地、各有关单位要按照广东省委、省政府工作部署，贯彻高质量发展要求，聚焦"四个面向"，进一步深化科普供给侧改革，推动科普融入经济、政治、文化、社会、生态文明建设，促进科学普及与科技创新协同发展，营造热爱科学、崇尚创新的社会氛围，为加快建设新时代人才强省和更高水平的科技创新强省奠定坚实基础。要加强科普基础设施建设，着力提升基层科普服务能力；加强平台载体建设，扎实推动新时代科普工作提质增效；加强科普组织和人才队伍建设，充分激发科普人才创新活力；培育壮大科普产业，推动实施科普产业繁荣工程；坚持协同推进，加快健全新时代科普生态；聚焦重点人群，在提高公众科学素质水平上精准发力。要加强组织领导，狠抓工作落实，努力开创新时代新征程广东科普工作新局面。会议提出，至 2025 年广东省要建成科普产业基地 10 家，培育科普产业领军企业 50 家，推动科普产业规模和水平全国领先，公益性科普事业与市场化科普产业同步发展。

第三，青少年基础教育与社会化终身教育协同发展。《广州市全民科学素质行动规划纲要实施方案（2022—2025 年）》中，将"到 2025 年，实现广州市公民具备科学素质比例达到 24.5%"的目标，具体分解为在"十四五"时期要实施的五项提升行动。第一项针对青少年，将弘扬科学精神贯穿于育人全链条，提升基础教育阶段科学教育水平，推进高等教育阶段科学教育和科普工作等。第二、三项分别针对农民和产业工人，除了弘扬科学精神、传递科学知识外，强调要加强农业科普教育、建设科普特色村，开展职业技能培训，同时要发挥企业家对于提升产业工人科学素质的示范引领作用。第四项针对老年人，聚焦帮助老年人学会运用智能技术，健康科普、防诈骗等。第五项是针对领导干部和公务员，要加强学习，提升理念。

除了青少年的基础教育、高校教育外，新时期科技传播内容要触及全社会不同类别和年龄的人群，包括在校学习和社会化的岗位职业培训，以及针对银龄老人开展的科普活动，其目标是将科技传播工作变成贯穿公民终身学习的体制，进而成为政府引导，全社会多元主体协同推进的事业。要加强科普舆论引导、大力弘扬科学家精神，营造科学社会氛围。强调全社会参与，以及即时全域的泛在空间式传播，使得科学精神和科学知识在公众心里内化，使全社会形成崇尚科学的风尚，并将其转化为一种创新精神与文化自信。

二、广州科技传播政策与理念

广州科技传播理念是要创建良好的社会科创氛围，实现科技创新与科学普及两翼并行的发展模式，搭建即时、泛在的传播矩阵，打造精准、全域的科普生态链。推动科普全面融入广州市的经济、政治、文化、社会、生态文明建设，并进一步构建起社会化协同、数字化传播、规范化建设、国际化合作的新时代科普生态圈，以服务创新发展、服务治理体系和治理能力现代化，实现高质量的科技发展。广州市在研究新政策、新路径、新举措、新载体的基础之上，科学地聚合各方资源与力量，不断提升广州市全民科学素质，并建立起科学精神引领下的崇尚创新的自信的社会氛围。

（一）广州科技传播的优势特征

广州科技传播作为一个国际科技创新枢纽创新发展的"两翼"之一，与广州科技创新一样，具有集聚力、辐射力、原创力、驱动力和主导力的优势特征。

第一，广州地区作为国际科技创新枢纽，科技创新资源集聚成势、自由流动、高效配置，粤港澳科技合作全面深化，共建广深港和广珠澳科技创新走廊，着力推动"双区"建设、"双城"联动，国际科技合作日益紧密，着力突破地域空间的制约和障碍，推动形成创新要素流动畅通、科技设施联通、人员交流顺通的科技创新合作体制机制，形成辐射、融通、共享全球创新资源之势。

广州地区各人群的科学素质发展相对均衡，科普供给侧改革成效显著，根据中国科协与国家统计局合作开展的第十二次中国公民科学素质抽样调查结果，2022年全国公民具备科学素质的比例达到12.93%，广州市公民具备科学素质的比例达到20.8%，已接近发达国家水平，充分发挥了国家中心城市示范作用，彰显出全球影响力城市的引领风范。

第二，广州科技传播注重源头创新的供给能力。广州地区拥有全球最大的科技馆——广东科学中心，自2008年建成开馆以来已累计接待游客超过2400万人次。2022年广州市新认定科普基地44家，市科普基地总数达225家。广州地区与科普相关的科普基地、科技企业、科研机构的科普资源丰富、类型多样。广州地区领先的科技创新平台体系包括：广州实验室，粤港澳大湾区国家技术创新中心，人类细胞谱系大科学研究设施、冷泉生态系统研究装置2个重大科技基础设施，国家新型显示技术创新中心，生物岛、南方海洋科学与工程、人工智能与数字经济、岭南现代农业科学与技术等4家省实验室，广东粤港澳大湾区国家纳米科技创新研究院，广东空天科技研究院等高水平的创新平台。广州注重打通科技场馆、科普基地、科创中心、科研机构等供给侧与受众接受科普内容的具体科普场景之间的通路，注重连接科技工作者、媒介、其他科普供给者与科普对象之间的机制，加强统筹协调，坚持协同推进，激发社会多元主体活力，激发全民参与积极性，构建政府、社会、市场等协同推进的社会化大科普格局。

第三，广州科技传播强调公益性科普事业与市场化科普产业协同发展。广州科技传播工作聚焦重点人群、重点项目的传播普及，立足广州领先的科技水平，通过对科技资源的整合与再开发，推动科技知识在全社会范围的流动性，打造"科普产业共同体"，实现科技资源的科普化，提高科普产业的协同性，提升科普产业的市场化程度。

广州发挥政府在公民科学素质建设中的主导作用，从科普公共服务、科普成果转化、科普人才汇聚、科普产业发展等方面入手，构建政府、社会、市场等协同推进的社会化科普发展格局。树立大科普理念，推动科普工作融入经济社会发展各领域各环节。鼓励支持企业和其他社会力量参与科普事业、兴办科普产业。大力实施科普产业繁荣工程，制定培育壮大科普产业发展政策措施，鼓励兴办科普企业，鼓励科技领军企业加大科普投入，推动科技成果科普化，加快推进科普展览、科普图书、科普影视、科普玩具、科普旅游等科普产业发展，促进科普与文化、旅游、体育等产业融合发展。

（二）广州科技传播的体系建设

广州市通过数年的努力，逐步聚合集成了具有系统性、循环性、高效性，覆盖全域、各环节精准供给等特点的科普产业生态链条，构建起政府、社会、市场等协同推进的社会化科普大格局。四类科技传播主体之间，逐步形成"科技资源—科普传播—成果转化—市场应用—科技资源"这一覆盖全社会范围的共同体循环链，逐渐建立起一套系统化、产业化、湾区国际化的科学传播体系。该体系具有三个特点：一是搭建起"线上＋线下""场景＋情境"的即时、泛在的复合型传播体系。二是逐步形成能持续提供有效供给的精准、全域的科普产业生态链条。三是科普产业共同体的外延不断拓展，因地制宜，结合大湾区与南粤文化、科技、经济特点的科技传播模式，形成并助推具有大湾区特色的、打通国际国内交流的大循环。

广州地区的科普产业共同体，链接科普产业链条的各个环节。从企业端来说，首先，科普产业的边界无限宽广，科普本质上是一种方法，可以用这种方法来解构知识、重塑知识和再表达知识，"科普＋"有无限的可连接性，可以叠加不同领域、助推全部学科。一个领域，只要存在信息和知识的不对等，就可以用科普的方法来解决问题。其次，科普产品适合规模化生产，科普本身就是一种科学的机制，适宜建立起标准的生产流程，形成标准化的产品。最后，科普 IP 的延展性。科普本身是知识的再创作，是文化在科技领域的传递，是广义上的大文创产业的组成部分。无论是中国的科技馆、博物馆，还是世界其他国家的科普网站、科普活动，都曾推出文创产品和文化类实体产品。

从政策制定端来说，他们希望通过加大科普产业化实践探索，推动科普公共服务市场化改革，引入竞争机制，促进科技研发、带动产业升级，加快科普主体与市场其他主体的跨界融合，以市场化的思维来满足个性化的公众需求，使公益性科普事业与经营性科普产业双向并进，加快促进城市创新。

第三章

实践篇

第一节 广州科技传播的资源优势与理念创新

当今全球传播生态与过往相比，出现了一些新的趋势，信息的传递往往包括了输出和反馈的交互作用的过程。当代的科技传播也是一种双向的信息流动。科技传播不是为了传播而传播，科技传播通过信息的交换产生能量，形成社会效益和经济效益，而这些效益又成为投入的一部分，在全社会范围内构建起科普产业共同体循环。

一、广州科技传播体系的资源优势

《广东省全民科学素质行动规划纲要（2021—2025 年）》《广州市全民科学素质行动规划纲要实施方案（2022—2025 年）》将实现科学普及目标的途径分为三个层面进行论述，其中"地基式"的科普基础设施建设包括了科技场馆、科普基地、校园科技馆、科普大篷车、流动科技馆、社区科普场所、数字科技馆在内的复合型科技传播场所集群。同时，广州持续推动科技创新及对区域创新环境的整体提升，在更高的维度发挥出包括政策制度、人才资源在内的整体基础优势。

（一）复合型科技传播场所集群

新型的科技传播场所集群是现代科技传播体系的基础组成部分。广州应用新一代信息技术，构建起复合型的科技传播场所集群，包括以下五个部分：①辐射全域的综合性科技场馆、科普基地、科研中心；②区域性的校园科技馆；③流动的科普大篷车、流动科技馆和科普巡展；④街道社区商业场所的科普场所；⑤云上数字科技馆。这五个部分之间资源协同、应用共享、相互借力，共同形成了全域全景式科技传播体系的主链。

广东科学中心，占地面积 45 万平方米，建筑面积 14.07 万平方米。馆内设有 12 个常设主题展馆，600 余件（套）展品及多个临时专题展区，建有 4 座科技影院（IMAX 3D 巨幕影院、4D 影院、三维影院和虚拟航行动感影院），以及融自然、科技和艺术为一体的室外科学探索乐园，拥有 8 万平方米生态湖、2000 多种岭南特色植物和数十个室外展项。2018 年广东科学中心通过吉尼斯世界纪录认证，被授予"最大的科技馆/科学中心"称号，自 2008 年建成开馆以来已累计接待游客超过 2400 万人次。

广州青少年科技馆，占地面积 4000 平方米，其中常设展览面积 2000 平方米，青少年培训场地 1000 平方米，科普电影放映室 1000 平方米。2022 年，广州青少年科技馆开馆 140 天，进馆参观人数 2.8 万余人次，进馆参观人数较 2021 年同期增长 17 倍。2023 年截至 7 月 31 日，开馆 148 天，接待团队 60 个，进馆参观人数 3.7 万余人次，招募志愿者 1438 人次。2022 年，广州青少年科技馆的创客空间开展创客活动 104 场。

广州地区还有黄埔区科技馆及规划筹建中的广州科学馆、白云区科技馆、大湾区科学论坛永久会址（科技馆）。广州地区的科技类场馆近 5 年接待游客总数已超 600 万人次。

2022 年广州市新认定科普基地 44 家，市科普基地总数达 225 家。广州地区与科普相关的科普基地、科技企业、科研机构的科普资源丰富，参与科技传播活动热情度高，以 2023 年广州市科协组织的"广州科普游活动十周年"活动中表现突出的十家优秀科普机构为例，其科普主题涉及生物、海洋、地质、重大疾病防治等多个领域，这些科普场所不仅在各自研究领域拥有卓越的成绩，同时秉持科学的精神，以科学的方式向全社会输出科学内容。

广东省博物馆地处粤港澳大湾区核心城市——广州，建筑面积 6.7 万平方米，于 1959 年 10 月 1 日正式开放。2023 年，广东省博物馆年接待观众超 400 万人次，是首批国家一级博物馆和大湾区重要的文化旅游地标，也是面向全民进行科普工作的爱国主义教育基地、科普基地、粤港澳青少年交流活动基地、儿童友好基地等。

广州宝桑园生态科技有限公司位于广州市花都区赤坭镇，为广东省农业科学院蚕业与农产品加工研究所独资国有公司，简称"花都宝桑园"。园区占地 800 亩，从 2001 年开始建设，以蚕桑为特色，主要展示优质蚕桑品种高效种养、农产品加工新技术、园林生态景观等，并开展蚕桑特色科普研学教育、职业农民培训、农业生态旅游、农业科技和产品推广等项目。园区累计接待游客超过 150 万人次，是广东省蚕桑科普文化的"旅游名片"。

广州刘金山地质科普有限公司成立于 2015 年，是科普资源非常丰富的实体企业，其最具特色的是创立于 1999 年的全国第一家私立地质博物馆——金山地质博物馆。馆内藏品有 3 万余件，一直以来免费向广大民众开放。博物馆宗旨是"以科教兴国为己任，以科普为途径，收藏、研究、科普三结合，服务社会，益于人民"，长期坚持打造地学科普品牌。

中国科学院华南植物园前身为国立中山大学农林植物研究所，由著名植物学家陈焕镛院士创建于 1929 年。1954 年改隶中国科学院易名中国科学院华南植物研究所，1956 年建立华南植物园和鼎湖山国家级自然保护区，2003 年更名为中国科学院华南植物园。2022 年 5 月 30 日，批复同意依托中国科学院华南植物园设立华南国家植物园。全园由位于广州的科学研究园区（36.8 公顷）、迁地保护园区（282.5 公顷）以及位于肇庆的鼎湖山国家级自然保护区（1133 公顷）组成，迁地保育活植物 17000 余种。

中国科学院南海海洋研究所成立于 1959 年，是全国最大的综合性海洋科学研究机构之一。研究所深耕南海六十余载，在热带海洋环境、南海岛礁调查、南海资源开发等领域做出了许多奠基性和开拓性贡献。中国科学院南海海洋研究所是中国科学院及全国海洋科研机构首家获得 ISO 9001 质量体系认证的科研单位，拥有多项资质证书，可服务地方经济建设，也是多家学会的依托单位。获得中央文明委授予第六届"全国文明单位"荣誉称号。

呼吸疾病全国重点实验室是依托国家"双一流"高校广州医科大学于 2007 年 10 月获科技部批准建设的中国首家呼吸疾病研究领域的国家重点实验室。共建单位为中国科学院广州生物医药与健康研究院和广州海关。

广东省科学院微生物研究所是华南地区权威的微生物专业科研机构，广东省微生物真菌标本馆隶属广东省科学院微生物研究所。标本馆始于 1964 年的中国科学院中南真菌研究室标本馆，现馆藏真菌标本近 10 万号，是华南乃至全国有重大影响力的真菌标本馆。展示区常年对公众开放，根据研究所食用菌和毒蘑菇的科研特色，充分利用所内专家和博士等资源，以线上结合线下的方式，开展"与真菌学家面对面"等五个品牌科普研学活动。同时，积极走出去，开展科普讲座、展览等活动，扩大科普传播面。

华南师范大学生命科学学院生物标本馆成立于 20 世纪 50 年代，2013 年对外免费开放。生物标本馆建有珍稀陆生动物标本展示区、动物主要类群标本展示区、植物腊叶标本展示区及动植物室内标本室、多功能会议厅和科学小实验体验室等，同时开放鱼类养殖与加工基地、花卉培育基地等科研场所给参加科普活动的市民参观。

广州神农草堂中医药博物馆位于白云山南麓的广州白云山和记黄埔中药有限公司厂区内，是白云山和记黄埔中药有限公司响应广东省建设中医药强省、文化大省而创意设计并自筹资金所建。神农草堂总占地 25300 平方米，于 2006 年 11 月对外开放，是全国首家融天然和文化于一体，采用"堂中有园，园中有宫，宫中有馆"的园林式格局，将中医药历史文化陈列展示与原生态中草药种植有机结合的展馆。神农草堂设有中华医药园和岭南医药园两个主题园区，展示了中华中医药、岭南中医药、中医养生、大南药、青蒿抗疟、凉茶等丰富的中医药文化。

广东省林业科学研究院是综合性、多学科、社会公益类型的科研机构，研究领域涉及森林培育、森林保护、森林资源综合利用、生物多样性保护、风景园林、林业资源信息、林业科普与自然教育等，以广东树木公园为阵地，大力开展林业科普和自然教育相关工作。公园地处广汕一路 233 号，占地面积约 700 亩。园区绿树成荫，树种资源丰富，长期免费对外开放，是开展动植物科普和生态宣传的理想场所。

广州市科学技术发展中心于 2007 年启动科普大篷车项目，本着"连接·共享·服务"的理念，构建"平台优创＋站点辐射＋资源流动"的工作模式，以科普进社区、进农村、进学校、进科普基地为重点，充分发挥大篷车服务基层效用，为提高广州市公民科学素质贡献力量。科普大篷车为学校、城镇社区、农村等提供流动科普设施。2023 年截至 9 月，大篷车项目组织开展了赴梅州市蕉岭县中小学送科普，前往从化、增城、花都、白云、番禺、南沙、黄埔开展"乡村少年宫"共建合作项目等公益科普活动 42 场，涉农地区 31 场，惠及人数共计 83057 人。

（二）科技创新投入与广州创新指数

广州市为支持科技创新投入资金，形成了良好的创新氛围：提高了创新成果转化的比率，吸引创新人才的落户，对科普产业化进程起到了实质性的助力。

1. 广州科技创新投入

2021 年，广州市科技局出台了《广州市推动高新技术企业高质量发展扶持办法》，将高新技术企业政策从资金奖励导向转为服务导向。广州市高新技术企业申报通过率连续 4 年提高，从 2018 年的 63% 提升至 2021 年的 85.23%。广州通过建设基础研究平台带动原始创新能力提升，截至 2021 年，国家重点实验室增至 21 家，占全省 70%。2021 年广州投入 19.3 亿元支持创新主体建设和推动创新成果转化，约占科技创新投入的 22.1%，效益明显：技术合同成交额达 2413 亿元，是 2016 年的 8 倍。2022 年广州市财政投入 84.1 亿元支持科技创新。

2023 年，广州市基础研究计划投入 11.5 亿元，聚焦科学发现，构建基础研究多元支持体系，强化人才支撑，打造青年科技人才后备军；构建科学高效的多层次实验室体系，加强优质科技资源有效集成和保护，提升使用效率，提供共享服务。企业创新计划投入 18.2 亿元，一是培育高新技术企业、扶持优质科技型中小微企业创新发展；二是集中优势资源促进生物医药产业高端化、规模化、集约化发展，加强广州市生物医药领域创新能力及成果转化应用，全面推进广州市生物医药产业创新发展；三是优化广州市创新创业环境，营造创新创业氛围，完善"创、投、贷、融"科技金融生态圈，助推科技企业发展。重点研发计划投入 6.83 亿元，深入实施创新驱动发展战略，加强广州市农业、社会发展和生物医药与健康领域的技术攻关及成果推广应用，为全面推进乡村振兴和实现农业农村现代化、碳达峰碳中和、城市社会治理以及生物医药与健康产业创新发展提供强有力的科技供给，推动实现高水平科技自立自强，支持智慧制造、车辆交通、智慧健康、智慧城市以及其他领域开展共性关键技术攻关和人工智能应用场景示范，推动产业创新平台建设，为经济社会发展提供科技支撑。同时在创新环境和人才支撑方面，计划分别投入 2.18 亿元及 2.52 亿元。

2. 广州创新指数评价体系

2022 年，广州市建立了广州创新指数评价体系和区级创新指数评价体系，从创新资源、企业创新、创新绩效和创新环境 4 个维度（一级指标）持续监测和评价广州市及广州各区创新能力。

创新指数测算结果显示，2010 年以来，广州创新指数得分持续增长至 341.02 分，2010 年以来年均增长 11.80%，反映了广州创新发展水平持续提升，科技创新事业总体呈现快速发展态势，其中创新资源年均增长 17.27 分，创新资源多样化集聚、企业创新能力显著增强、创新绩效更加显现、创新环境持续迸发新活力的科技创新局面已经形成。

广州创新人才队伍建设成效显著，每万名从业人员中从事 R&D 研究人员数为 130.96 人年/万人，高级职称专业技术人才数量达 24 万人。科技传播发展势头强劲，2021 年人均科普经费较上年大幅增长 68.86%，为顺利开展科普活动、提高民众科学知识与科学素养提供坚定保障。

二、广州科技传播的理念创新

《广东省全民科学素质行动规划纲要（2021—2025 年）》明确指出，"科技资源科普化工程"是"十四五"时期的五项重点工程之一。达成目标的路径分两个层面：一是实施科技资源科普化专项行动，强化科技工作者的科普责任，建立完善科技资源科普化机制；二是实施科普产业繁荣工程，加强对科普产业发展的宏观指导和政策扶持，推动科普市场化产业化。

实现科学普及的目标是在地基式的基础优势之上，进一步将硬件设施与体制建设关联起来，发挥好居于二者之间的"人"的主观能动作用，用好不同的科普场景，完成对不同人群的科技传播，以及经科技传播转化带来的科技创新能力的提升。广州科技传播的理念创新聚焦三个方面：一是打通"科研—科普—科创"的科普生态链，实现创新发展"两翼"齐飞；二是通过不同层面与不同维度的科普联盟与不同形式的"科普＋"的产业模式，构建起"科普产业共同体"，实现公益性科普事业与市场化科普产业协同发展。

（一）打通"科研—科普—科创"科普生态链

广州市通过数年的努力，逐步聚合集成了具有系统化、循环性、高效性，覆盖全域、各环节精准供给等特点的科普产业生态链条，构建起政府、社会、市场等协同推进的社会化科普大格局。四类科技传播主体之间，逐步形成"科技资源—科普传播—成果转化—市场应用—科技资源"这一覆盖全社会的共同体循环链。

科技资源科普化促进知识在社会更大范围内流动和共享，通过对科技资源的整合和传递，科技知识从过往只在科研主体内部流转，变为向全社会范围外溢，其结果使科技资源的效用得以最大化，并形成科技创新的多元化。覆盖全社会主体的科普生态链，通过促使科技资源在全社会范围内流动，并构成循环，提升了整个城市创新系统的创新效率。

覆盖全社会主体的科普生态链条分为三个环节：一是从科技研发端通过科技传播向社会形成知识普及的过程；二是全社会受众接受知识转移，

加速创新转化的过程；三是创新成果落地后的产业合作与评估机制。

探究理顺四类科技传播主体在创新链各个环节的多向互动关系，理解不同的主体的参与目标、动力机制、合作机制，成为构建科普产业链创新体系的关键。科技传播链条的传播主体端所面临的问题是传播意愿、传播能力及传播效能问题。

广州市通过政策激励、制度建设提高传播主体的传播意愿，通过组建不同类型的传播联盟，帮助其成员提高传播能力，规范传播内容；通过协调机制与项目策划，提高广州科技传播体系的传播效能；通过建构评价模型、建立评价标准、健全评价机制，规范传播行为，保证广州科技传播向着高质量方向发展。

（1）广州市在"科研—科普—科创"链条的前端，通过政策供给及激励机制，解决掌握科技资源的人员的科普意愿问题，不断寻找新策略、新途径、新媒介、新方法，提高科研成果的显示度。

广州市科普工作联席会议办公室每年定期开展"广州市科普工作优秀单位""广州市优秀科普工作者"及"广州市优秀科技志愿者"评选活动（2023 年评选结果见表 3 - 1 至表 3 - 3），并号召广大科技传播者向优秀单位及个人学习，组织经验交流活动、主题报告宣讲活动，引导更多的科技工作者及社会成员加入科技传播的队伍。

表 3 – 1　2023 年"广州市科普工作优秀单位"

序号	单位
1	广州地铁资源经营发展有限公司（广州地铁博物馆）
2	广州市电化教育馆
3	广州市体育科学研究所
4	广州市财政局科教和文化处
5	广州市地震局
6	广州市科学技术局引进智力管理处
7	广州花卉研究中心
8	广州市城市管理和综合执法局分类管理处
9	广州动物园
10	广州市工业和信息化局综合与政策法规处（审批管理处）
11	广州市荔湾区科学技术协会
12	广州市从化区科学技术协会
13	广州市番禺区科学技术协会
14	广科双创产业发展（广州）有限公司
15	广州市和稻丰农业科技发展有限公司
16	广州市花都区人民政府秀全街道办事处
17	广州市荔湾区应急管理局
18	广州市航新农业科技有限责任公司
19	广州市越秀区少年宫
20	广东省大湾区华南理工大学聚集诱导发光高等研究院
21	中国热带农业科学院广州实验站

（资料来源：广州市科协）

表 3 - 2　2023 年"广州市优秀科普工作者"

序号	姓名	单位
1	张晓文	广州市体育科学研究所
2	胡杉杉	广州市财政局科教和文化处
3	庄小云	广东华侨中学
4	甘永辉	广州市交通运输局
5	刘　婷	广州市广播电视台法治频道
6	赵能斌	广州市文化广电旅游局科技教育处
7	胡艳辉	广州市城市管理和综合执法局科技信息处
8	李景波	广州市河涌监测中心
9	张晓华	广州花卉研究中心
10	梁　桢	广州市志愿者行动指导中心
11	黄志宏	广州动物园
12	刘成枝	广州市增城区农业科学研究所
13	何家辉	广州市越秀区旧部前小学
14	陈纯秀	广州市农业科学研究院
15	陈　维	广州市天河区科学技术协会
16	龚泽祥	广州市从化区妇女儿童活动中心
17	张晓莉	广州市白云区素质教育管理中心
18	张乐会	广州物联网研究院
19	黎丽娴	广州市南沙区中医医院
20	彭进桃	广州市河盛汇农业科技有限责任公司
21	陈映丹	广州市越秀区人民政府洪桥街道办事处
22	狄　波	广州市海珠区科学技术协会
23	彭　彬	广州市白云区科技工业商务和信息化局
24	戴立华	广州市荔湾区中医医院
25	莫小燕	广州市从化区神岗中学

（资料来源：广州市科协）

表 3-3　2023 年"广州市优秀科技志愿者"

序号	姓名	单位
1	周志姗	广州市番禺区新造医院
2	袁淑文	广州市绿点公益环保促进会
3	冯俊坚	广州市轻工技师学院（学生）
4	潘　珂	广州市立德未来公益基金会
5	孙丽颖	广州市增城区气象局
6	陈长卿	广州市从化区退休科技工作者协会
7	黎宇桐	广州市越秀区青创力社会发展中心
8	董昱泽	小翼航空科技（广州）有限公司
9	梁欣健	广州市中西医结合医院
10	李　雪	广州市增城区永宁街第二小学
11	林勇凯	广州中医药大学第一附属医院
12	陈潮金	中山大学附属第三医院
13	肖婉钰	广州市农业科学研究院
14	廖　旺	广州医科大学附属第二医院
15	许哲瑶	广州园林建筑规划设计研究总院有限公司
16	江建钧	广州大学
17	郑　辉	广州南洋理工职业学院
18	刘　冰	广船国际有限公司
19	周　星	广州华夏职业学院
20	梁志明	广州医科大学附属第五医院

（资料来源：广州市科协）

　　广州市面向大湾区开展不同维度的科普达人的评选活动，如广州科普名师、广州科普爱心大使、广州科学传播大使等。

　　2023 年，广州评选出"广州十大科学传播达人"（见表 3-4）。这些传播达人从各行各业的科普先锋中选出，既有"两院"院士、科技协会的工作人员，也有深耕基层的研究员、科技企业的从业人员。这些来自广州不同科技干线的科技传播达人，在完成各自科研工作的同时，为广州科技传播事业和科普产业化贡献了非凡的力量，他们的努力使得科技知识对社会其他受众的可见度、显现度大幅提升。

表 3－4 2023 年"广州十大科学传播达人"及传播事迹

序号	姓名	单位及职务	事迹
1	唐本忠	中国科学院院士，香港中文大学（深圳）理工学院院长	出版科普书籍 2 本，创建"聚集诱导发光 AIE""AIE 高等研究院""闻说科普"等 3 个科普公众号，定期发布学术分享文章若干篇，发表科普文章 85 篇，总阅读量超 10 万，推动多个科普基地建设，主持建设全国首个 AIE 科普展厅。担任黄埔少年科学院夏港分院院长，参与"黄埔 10 分钟科普活力圈"建设，多次进入香港、广州、昆明等地多所中小学开展科学讲座。
2	广东科学中心科普团队	广东科学中心科普教育部	每年向超百万观众开展科普活动上万场次。策划推出"科普一刻""科学小实验""带你看新展"等 6 个视频栏目，拍摄视频 137 个，视频点击量达 200 多万。在丰富中求创新的科普龙头，依托展馆辐射全域。
3	乔贵宾	广东省人民医院主任医师	每周在各大互联网平台以视频、文字、直播等形式，进行肺结节、肺癌、食管癌等胸外科内容的传播，全网粉丝超过 331 万，创作科普内容 2.7 万余篇，累计播放量 5.42 亿次。
4	广州市增城气象科普团队	广州市增城气象科普教育基地	每年开展各类主题品牌活动覆盖上万人次，打造"2 个公众号＋1 个视频号＋1 个线上科普馆"，深入基层，打造特色气象科普品牌。
5	王　燕	广东省科技图书馆副研究馆员	担任校外科普辅导员，组织申请、参与省市课题项目 40 余项，公开发表学术论文 40 余篇。主编科普图书《讲科学　秀科普》，多年如一日行走在科普第一线。

（续上表）

序号	姓名	单位及职务	事迹
6	周彝馨	华南农业大学教授	深耕广府建筑文化的传播，出版科普著作 9 部，主持相关科研课题 24 项。参与社会服务 17 项，科普讲座 20 次。
7	吴嘉贤	广东省地震局信息中心工程师	打造特色地震科普 IP，紧随时事创作系列科普视频，扎根科普一线，产出高创意高质量科普作品。作为科普馆内专职讲解员，接待参观人数超 6 万人，直播讲解观看人数累计超 50 万。主创的科普微视频 20 余部，其中部分作品获评广东省第一届、第二届应急管理宣传作品优秀奖，中国地震局年度防震减灾优秀科普微视频。
8	唐光良	广东省科学院广州地理研究所高级工程师	依托广州市科技创新环境，结合地理科学、地理空间智能的前沿科技成果，创造设计了形式新颖的科普和传播活动，创作系列地理科技文创作品，打造了省级科普教育公益平台——地学家平台。利用大量休息时间，深入公众开展科普活动，近五年来服务中小学校超过 50 所，受众近 10 万人，在粤北、粤西的一些偏远山区也留下了科普足迹。
9	董昱泽	小翼航空科技（广州）有限公司教研部部长	研发数十门科普课程，如"像机长一样思考"，为数以万计的学生进行线下航天科普工作。
10	蔡卓平	广州市生态学学会秘书长、常务副主编	主持中国科协科普项目、广东省科技计划项目科普创新领域项目等科普类项目 10 多项，发表科普类论文、短文 30 多篇。十多年来坚持走进校园、社区、农村围绕生态保护、科技创新、乡村振兴开展科普宣传，广东省志愿服务时长达 169 小时；制作发放科普资料 10000 多份，并线上宣推生态知识，受益人数超 100 万人。

（资料来源：广州市科协）

2023 年 5 月，广州评选出 20 位"最美科技工作者"，广泛宣传一批爱党爱国爱社会主义，坚持科技为民，把论文写在祖国大地上的优秀科技工作者典型。其中包括：

中山大学中山眼科中心副主任（副院长）袁进教授。袁教授从医 20 年，完成 5000 多例角膜移植和眼表重建手术，专攻诊疗装备"卡脖子"技术，研发出世界首台多模态眼科一体化诊断系统等成果，让 10 万余名患者受益。带领团队默默深耕诊疗装备创新领域，获得系列具有自主知识产权的创新装备、系统和技术，实现了我国在高性能成像技术装备领域的突破，成果转化价值近 4 亿元。

广州石乡农业发展有限公司总经理、增城区特聘农技员沈燕芬。沈总经理创立广州首家农机合作社联合社，年度服务面积超 10 万亩次，带动村民年度增收超 120 万元。充分运用新媒体，自主开发"增城农特产馆"小程序，拓展销售渠道，打造本土丝苗米特色品牌，2023 年当选第十四届全国人大代表。

广州大学物理与材料科学学院二级教授、博士生导师王锋。王教授长期从事天文技术与方法研究，是世界最大的在建天文望远镜 SKA 唯一的中国科学家，在科学数据处理器以及中国空间望远镜建设中取得突出成绩，突破技术壁垒，确保了我国在核心数据处理方面的根本利益。发表高水平 SCI 论文 15 篇，申请发明专利共 7 项，软件著作权 6 项，主持多项国家级和国际联合重点项目，并担任技术负责人。

广东腐蚀科学与技术创新研究院副总工程师、课题组长、工会主席，研究员王震宇，先后完成 19 项国家及省部级科技项目，获授权发明专利 22 件。在国家民生安全领域打破欧美国家垄断，填补国内空白，满足珠三角供水特定结构耐久性防护需求，实现百年防护。在海洋装备和工程及航空军工领域研究成果显著，为国防军工建设作出贡献，带动经济效益可达千亿元。

广州国家实验室药物与疫苗研究部研究员、广州标智未来科学技术有限公司创始人廖矿标，聚焦呼吸系统疾病开展新药研发，突破外国药物垄断，其所打造的智能化新药研发生态圈，运行成本低，效率远高于国际同类平台。相关成果发表在 *Nature* 等期刊上，并多次被世界级科学期刊重点报道。主持两个国家级重点科研项目，先后荣获中组部国家海外高层次青年人才、"广东青年五四奖章"等荣誉称号。

（2）广州市在"科研—科普—科创"链条的中端，着力于解决不同系统之间的资源对接和知识转移问题，推动科学资源的科普化应用，助力不同人群、不同形态的创新成果的转化。

广州科技传播系统注重理顺科技资源在不同人群及系统间的流动、对接，通过组建不同类型的传播联盟，帮助其成员提高传播能力，规范传播内容；通过协调机制与项目策划，提高广州科技传播体系的传播效能。

2023 年，广州市启动"科普惠民，志愿同行"志愿服务驿站项目，通过志愿赋能，在 77 个志愿服务驿站传播科普知识，传达科技志愿服务精神，提高群众参与的兴趣与积极性，引导社区居民以志愿者的身份参与科普推广活动，营造全民学科普的良好志愿服务氛围。

2023 年 9 月，广州发出"百名院士·百场科普"倡议书，倡议广州地区的院士专家每年至少参加一次面向公众的科学普及活动，广泛传播科学知识、宣传科学思想、倡导科学方法、弘扬科学精神。同时在广州市黄埔区的 1 镇 16 街建立起"少年科学院分院"，并由院士专家轮值担任科学院院长。广州院士专家活动及科普大篷车，都会向农村地区及青少年倾斜，助力形成更为平衡的公民科学素质体系。

这一传播策略取得了显著的成效。2022 年，广州市参加青少年科技创新活动学生达 29 万多人次，参加青少年科技创新大赛各层级选拔项目

28007 项，进入市级决赛项目 4071 项。在 2022—2023 年第 37 届、第 38 届广东省青少年科技创新大赛中，广州市的成绩继续保持全省第一，广州市执信中学陈立伟同学在第 37 届全国青少年科技创新大赛中获得了最高奖项"中国科协主席奖"（全国仅 4 个项目获此奖项）。

（3）广州市在"科研—科普—科创"成果传播落地的后端，关注不同主体的合理分工，促成合作，注重科普的传播效果、转化效果与评估机制。

在投入方面，从 2020 年到 2024 年 5 年间，广州市财政专项资金投入 6000 万元；在科普基地的评估方面，对现有的 33 家国家科普教育基地、228 家省科普教育基地、225 家市科普基地，广州市科技局和广州市科协采用联合认定命名方式，每 3 年进行一次评估，并根据评估结果给予运行补贴；在面向大众的科普投入方面，参加科普工作的专兼职人员近千人，投入补助资金超 2000 万元。

（二）构建"科普产业共同体"

《关于新时代进一步加强科学技术普及工作的意见》明确指出要推动科普产业发展。培育壮大科普产业，促进科普与文化、旅游、体育等产业融合发展。推动科普公共服务市场化改革，引入竞争机制，鼓励兴办科普企业，加大优质科普产品和服务供给。鼓励科技领军企业加大科普投入，促进科技研发、市场推广与科普有机结合。加强科普成果知识产权保护。

科普产业化是指将科普知识、科普活动和科普资源转化为具有市场价值的产品或服务的过程。具体来说，它是指以满足公众对科学知识的需求为导向，以实现科普的社会效益和经济效益为目标，通过市场化运作和产业化经营，将科普资源转化为具有市场竞争力的科普产品和服务，从而实现科普事业的可持续发展。其本质是将科普事业与市场经济相结合，使科普活动成为一项具有经济效益和社会效益的产业。这既有利于激发社会各界参与科普事业的积极性，也有利于提高科普活动的质量和效益，更好地满足公众对科学知识的需求。

科普产业化的实现需要多方面的支持和配合，包括政府的政策扶持、企业的积极参与、科研机构的支持以及社会各界的共同努力。同时，也需要加强科普人才的培养和引进，提高科普活动的创新性和吸引力，以推动科普产业的健康发展。

理顺科普产业链，实现协同发展的关键在于：盘活优势资源，建强产业链，夯实创新链，构建起以产业联盟集群为核心的产业生态圈；实现全领域覆盖、上下游关联、成体系发展的科普内容创作、科普创新转化、科普消费市场。

广州地区科普相关企业涵盖 11 个行政区。围绕广州市经济文化特色及优势，现阶段发展具有一定规模的业态有：科普展教、科普旅游、科普教育、科普游戏、科普网络信息、科普出版及音像等。中国旅游研究院发布的《2021 世界旅游城市蓝皮书》显示，广州位列"世界游客最向往的中国城市"榜单第 3 名。2020 年广州游戏产业营收 1066.44 亿元，其中科普游戏产值超 12.15 亿元。至 2022 年，以文创赋能拉动文化装备制造、用文创推动制造业立市，VR 游艺设备产品已占全球市场 20% 份额。

广州市天河区广泛邀请辖内科技工作者、科创企业、科普基地签署科普战略合作框架协议，搭建"新型科普合作联盟"，打造"指尖上的科普地图"，形成政府、企业、科技工作者共同参与、共同推进的大科普工作格局。

在大科普平台建设方面，2023 年 7 月，广东粤科普集团成立。粤科普集团的业务之一是"粤科普"公共服务平台建设与运营，"粤科普"公共服务平台具有"传播、交易、管理"三大功能，拟分三阶段建设。第一阶段以教育和健康板块为切入点，搭建"粤科普"公共服务平台传播和管理框架，并在广州、深圳、佛山、东莞、江门、汕头开展试点。第二阶段通过新技术创新，实现科普智能化、精准化、个性化传播，实现地市全覆盖接入。第三阶段打造科普产品交易、孵化产业功能，支撑科普产业发展，21个地级以上市全面接入"粤科普"公共服务平台，为全省公众提供优质均等的科普服务。

在"科普＋企业"的社会化科普产业运营方面，广东科学中心在行业内首创跨界融合社会化协同建馆新模式，以"馆企"模式建成全国首个新能源汽车科普馆，与云南白药跨界合作的"云南白药体验馆"成为昆明工业旅游的亮丽名片；采用"馆政"模式建成全国首个大型互动食品药品科普体验馆，研制一批互动式、沉浸式体验的创新展项，展馆面积3500平方米，共108个展项，其建设填补了行业空白。同时，广东科学中心还积极推进科普创新成果在多行业多场景的应用，如与广州中华广场协同举办"叻科魔法学院"展，将科普项目推广至商业场所。

在科普与优秀文化融合方面，广州通过科普作品大赛、以科技方式传播优秀文化内容等多元化的形式，实现了科技与文化的跨圈融合。2022年，广州博物馆立足自身的展品，以科技的方式传播科学精神，策划了原创作品基于VR技术的"世界那么美眼睛去旅行"，开发了以H5小游戏为载体的"云游广州府"，使用了创新传播方式的剧本杀"决战观音山"，以及传播科技史的"营建·镇海楼"主题研学课程。

在科普与农业振兴的融合方面，广州从化荔枝在2020年获得地理标志证明商标，2021年入选广东"最有价值荔枝区域公用品牌"名单。由于品牌概念模糊，区域认知度不高，"品牌"加持并没有对从化荔枝销量形成立竿见影式的助推。广州南方学院的科技工作者针对这一情况，深入村镇，与村民组建起"一对一"的科普写传团队，帮助村民建立起形象鲜明、辨识度高的电商推广素材，从根本上提高了"品牌"荔枝品种的销量。由政府主导、高校主持、村民主办的"科普 + 电商平台"的联动模式，成为科普产业化的创新模式。

第二节　广州科技传播的体系模式与标准创新

一、科技传播体系的普遍特征

新时期的媒介生态环境呈现出四个特点：受众需求的多元性，科技发展的先导性，宣传资源的多样性，传播平台的共享性。从传播生态的角度出发，人、媒介、社会各"圈层"之间力量交错，信息共生，已经成为不可偏废的传播生态共同体结构。

（一）受众需求的多元性

首先，科普的主体和科普的受众都扩展至全社会范围。新的系列政策中，将承担科普责任的主体从过往的政府、科研科技部门向全社会范围延伸。在《关于新时代进一步加强科学技术普及工作的意见》中，进一步将全社会主体分为 8 类，并逐一明确了这 8 类主体在科普活动中应承担的职责。同时，科普的对象更多元，强调科普在终身学习中的作用。在这一层面上，科普的对象被分为面向基础教育的青少年，领导干部和公务员，面向职业教育的农村居民和产业工人，老年人。

不同的传播者和不同的接受者进行科技传播的动力来源和接受科技传播的意愿倾向都不尽相同，对科技传播内容的需求呈现多元性的特点。

（二）科技发展的先导性

科技传播中展现的科技发展先导性特征体现在三个方面：一是"万物互联"模糊了"线上"与"线下"的界线，传播成为一个全时全域全员全景的行为；二是 AR/VR 技术带来的增强现实，人可以靠"触感"来接收信息，伴随"五感"的混合传播方式替代了以前主要依靠文字和视觉组成的传递方式，技术选择与应用对传播效能的影响达到新的高度；三是人工智能/数字人本身是被传播的内容，也是传播的手段，同时还可能是传播的结果。

数字技术的发展，使得人的数字媒介化生存成为当下传播生态系统中的重要一环。2023 年，中国科协办公厅、中国科学院办公厅印发的《2023 年度科普中国选题指南》在创作建议方面提出：鼓励融合创新，跳出传统科普框架，积极利用新技术，探索科普与文化特别是中国优秀传统文化、艺术、影视等有效融合。运用结构化思维对科普内容的素材进行选择、整理、归纳、分类和加工；以创作主题为目标将分散、零散、碎片化的信息进行整合，生成系统、完整、有条理、有意义的科普内容。

据德勤调查，全球人工智能市场规模 2019 年已达到 1.9 万亿美元，预计到 2025 年将超过 6 万亿美元。人工智能技术的发展也为人机交互提供了理论和技术的支持。一方面，智能传播的发力，新技术＋新媒体应用，加快了社会的数字化转型，科技传播的内容可以渗透各种文化产品、游戏、影视作品，并进一步对传播的效果产生重要影响。另一方面，智能时代的互动和浸入式内容对接了虚拟与现实，实现全感官融合，重塑受众与内容之间的关系。二维的影像升级为三维的"体感"，受众在阅读信息的同时，也能获得听觉、视觉、触觉、嗅觉等多种感官的体验，拓展了交流的渠道与空间。

2023 年，杭州第 19 届亚运会数字火炬人"弄潮儿"，由超过 1 亿名亚运数字火炬手汇聚而成。在亚运会开幕式上，"弄潮儿"点燃"钱江潮涌"主火炬塔，成为亚洲奥林匹克历史上的经典时刻。与过往人类火炬手相对单一的个人属性相比，"弄潮儿"身上承载了更多特定的复合性文化元素，据官方解释，"弄潮儿"与杭州亚运会的会徽"潮涌"、吉祥物"江南忆"、核心图形"润泽"、色彩系统"淡妆浓抹"、火炬"薪火"、奖牌"湖山"等重要视觉标志一脉相承，共同承载浙江杭州深厚的历史文化底蕴和澎湃的科技创新基因。

据《虚拟数字人深度产业报告》预测，2030 年，中国虚拟数字人整体市场规模将达到 2700 亿元，身份型虚拟数字人规模约 1750 亿元，服务型虚拟数字人总规模将超过 950 亿元。

（三）宣传资源的多样性

2023 年，中国科协办公厅、中国科学院办公厅印发的《2023 年度科普中国选题指南》，对内容提出 6 个方面的要求，即解读国家战略、解读前沿科技、回应社会热点、宣传科学人物、释疑生活万象、澄清科学谣言，并列出 13 个年度科普热点：

1. 基础研究

国家重点实验室、深海深地探测、量子信息、海洋立体观测、标准模型新进展、欧洲散裂中子源（ESS）开放、"地球生物基因组计划"新序列、"基础科学促进可持续发展国际年"活动等。

2．全球气候变化

2023 气候峰会、《联合国气候变化框架公约》第二十八次缔约方大会、IPCC 第六次气候评估报告等。

3．"一带一路"倡议提出 10 周年

"一带一路"科技创新合作成果、创新合作科研事迹、典型科学家故事等。

4．中国空间站常态化运营

第三批航天员（首次有载荷专家和工程师）计划执行中国空间站任务、中国空间站科学载荷成果、首批国际合作项目载荷进入空间站等。

5．大科学装置建设及研究成果

江门中微子实验装置、高能同步辐射光源、上海硬 X 射线自由电子激光装置、高海拔宇宙线观测站（拉索）、上海光源（二期）、稳态强磁场实验装置等。

6．科学卫星发射及研究成果

爱因斯坦探针（EP）卫星、SVOM 卫星、可持续发展科学卫星 1 号、"夸父一号"等。

7．人工智能

人工智能内容生成技术、AI for Science、新一代人工智能伦理规范、人工智能与医疗、人工智能与艺术等。

8．碳达峰碳中和

煤炭清洁高效利用、统筹水电开发和生态保护、生态系统碳汇能力等。

9．重大疾病防治

世界卫生组织病原体优先级名单、多种 mRNA 疫苗、计划消除猴痘的

人际传播、登革热疫苗、阿尔茨海默病药物等。

10. 天文望远镜建设及研究成果

新疆奇台射电望远镜、FAST、LAMOST、薇拉·鲁宾天文台、韦布空间望远镜、欧几里德望远镜等。

11. 外层空间探索

中国月球与深空探测工程，中国小行星防御任务方案，长征六号丙等多款新型火箭，俄罗斯、欧空局等月球探测及木星探测器任务，灵神星任务、小行星贝努样本返回等小行星探测任务等。

12. 重大科技奖项及重要科技进展

国家科学技术奖、诺贝尔奖、陈嘉庚科学奖、中国年度十大科技进展、世界年度十大科技进展等。

13. 重大科技活动

全国科技工作者日、全国科普日、全国科技活动周、中国科学院"千名院士·千场科普"、中国科学院公众科学日及科学节等。

2022 年，广州地区市科普基地总数达 225 家。从大型科技馆、国家级研究院所、生物疾病防治中心、农业基地、产业工匠的培训地到地质、文化研究场所，科技传播内容的来源极大丰富。如何统筹协调并最大化资源的效力，成为影响科技传播体系构建的重要因素。

（四）传播平台的共享性

根据 We Are Social 与 Hootsuite 合作发布的最新《2020 全球数字报告》，截至 2022 年 1 月，全球有 46.2 亿社交媒体用户，相当于全球总人口的 58.4%。社交媒体，以及带有社交媒体属性的传播平台成为影响全球传播生态的重要因素。

科技传播目前依托主流媒体，辐射全社会。科技传播体系建设的关键要素是：①内容，即供给侧；②平台，即传播结构；③人力，即媒介背后的人。主流媒体在加强图文视听等多媒体内容生产和分发的同时，一方面注重自身传播矩阵和传播平台的建设，另一方面利用制度创新吸引传统范畴外的、更加多元的主体加入传播体系，并形成全社会范围的科技传播体系。

科技知识信息通过以下方式实现扩散：

（1）数字化传播。通过互联网、社交媒体、电子邮件、微博等方式，科技知识信息可以迅速传播到全球各地。这种方式具有传播速度快、范围广、成本低等优点。与此同时，报纸、杂志、电视、广播等传统媒体也是科技知识信息传播的重要途径。这些媒体拥有广泛的受众群体，可以将科技知识信息传递给更广泛的人群。

（2）学术交流。学术会议、研讨会、讲座等学术交流活动是科技知识信息传播的重要途径。这些活动让科学家、科技工作者、科普产业从业人员直接交流，分享最新的研究成果和进展。同时，人才聚集政策带来的科学家和研究人员的流动也可以促进科技知识信息的传播。他们在不同的研究机构和组织之间交流和合作，可以将最新的科技知识信息传播到其他地区和国家。

（3）科学普及活动。科普讲座、科普展览、科普书籍等科学普及活动，可以向公众传播科技知识信息，提高公众的科学素养。

二、科技传播的系统化建设

新时期科技传播的生态发生了根本的变化，科技传播系列政策中的科技传播的主体、对象、内容、媒介、目的也相应地发生了变化：①科普主体社会化，覆盖全社会各类人群。②科普对象个性化，从过往的基础教育延伸至公众的终身学习。③科普内容专业化，一方面要开展全民参与共享的全域科普行动，加强供给侧改革；另一方面要防治谣言、抵御伪科学及其他不良价值观的传播。④科普媒体科技化，关注传播的新趋势，善用新技术、探索新渠道、发掘新形态。⑤科普产业市场化，实现公益性科普事业与市场化科普产业协同发展。

科技传播的主体、对象、内容、媒介、目的的变化，进一步带来了科技传播系统化建设要求的变化与评价体系的变化。与传播生态相呼应的传播体系建设不再以传播媒介的形态作为区分类别的标准。新时期的科技传播体系以四个复合维度的指标作为区分传播类别的标准和评价传播效能的标尺：①满足受众需求多元化的程度；②利用科技手段的灵活性；③宣传资源的多样化程度；④传播平台的共享性。

（一）构建科技传播体系，强化品牌观念

近十年来，广州创建了一批意识上具有创新性、时间上具有延续性、覆盖人群不断扩大的科普品牌、科普活动、科普生活圈，在时间与空间维度上不断叠加覆盖，形成了系统化的科技传播品牌体系。

广州科技传播体系下包括了六大知名的科普品牌（见表3-5）。最早创建的科普品牌的运营时间已经超过10年，而最新设立的科普品牌活动则覆盖了科技创新的最前沿领域。

（1）2005年，创立"广州科普大讲坛"，每月一次，通过广州科技工作者讲科学故事，展示科技成果，启发科学探索精神。

（2）2013年，创立"广州科普一日游"，每月一次，成为全国首创的覆盖全市范围的科普品牌活动。2013—2023年，广州科普游项目共计整合、培育207家科普资源单位免费向市民开放。吸引了超过164万人次市民报名，其中经平台系统抽中免费参加科普游活动的市民人数超过27万

人次；组织科普游活动 4400 多场次。

（3）2014 年，首次举办"广州公民科学素质竞赛"，分线上和线下两种形式。线下比赛每年一次，线上的网络竞赛全年开放。2022 年，共有 202 万人参加了网络竞赛，在线观看决赛视频的观众人次超过 239 万，此外还以线上线下相结合的方式举办了 15 场专题赛活动。2023 年截至 8 月，已有 63.56 万人参赛。2014—2023 年 10 年间，广州公民科学素质竞赛线上线下参赛人次达 1727.32 万，二次传播受众人次（现场赛直播观看量）达 1059.26 万。

（4）2014 年，创立"广州科普自由行"活动，每月一次，组织广州地区百余家科普资源单位免费向市民开放，通过科普导览、科普讲座、科普互动等形式开展丰富多彩的科普活动。

（5）2017 年，创立"院士专家校园行"活动。2022 年，在穗工作的院士达到 122 位，是广州领先其他同类城市的丰富的科技资源之一。

（6）2022 年，在全国首创资源覆盖全市、时间跨度全年的"科普开放日"活动。2023 年，广州科普开放日系列活动之 2023 年广州科普游首期活动向市民免费开放 49 家重点实验室、科研院所、高等院校、企业、科普基地，活动公开招募 2805 名市民，5 天内报名人数超 21000 万人。其中，华南师范大学生物标本馆、广东科学中心、广州风行牛奶科普基地、小翼航空科普基地等单位报名人数均超过 2000 人。

表 3-5　广州六大知名科普品牌

序号	品牌名称	创立时间	形式和内容	活动频次	覆盖人群与传播效果	参与方式
1	广州科普大讲坛	2005 年	每期邀请 1~4 位广州科技工作者作为主讲嘉宾，在 90 分钟的时间里，讲科学故事，展示科技成果，启发科学探索精神。	每月一次	至 2022 年，已成功举办 199 期。2022 年讲坛邀请了叶思宇、庄巍、王晋年、刘焕彬等 4 位院士和王鸣、林琳等 15 位专家，为公民普及科普知识、解答科技热点问题。据不完全统计，仅 2022 年一年，受众已达 550 万人次。	—
2	广州科普一日游	2013 年	全国首创的覆盖全市范围的科普品牌活动。以广州地区科技场馆、科研院所、高校、科普基地、科技企业为传播主体的，以活动体验、讲座、展览为形式的，面向全市公众的科普活动。	每月一次	2023 年 7—8 月，调动资源单位 112 家，共举办活动 4 期 142 场次，共计 7353 人次参加现场活动，63872 人次参与网上报名。2022 年 1—10 月，在特殊的疫情防控时期，共计开展科普游线下活动 292 期次，同比增长 75.9%；参与市民约 1.47 万人次，同比增长 44.2%。从创立至 2021 年，共组织活动 664 期，网上报名人数 44.2 万人次，系统抽取约 3.6 万人次参加活动，市民满意度达 99%。通过全媒体传播实现的全网科普传播总观看量超过 3230 万人次。	搜索"科普广州"微信公众号

（续上表）

序号	品牌名称	创立时间	形式和内容	活动频次	覆盖人群与传播效果	参与方式
3	广州公民科学素质竞赛	2014年	竞赛分线上比赛和线下竞赛两种形式。除了广州地区群众，全市科研机构、学校等均会组织队伍参赛。	线上竞赛全年开放；线下比赛每年一次	2023年科学大擂台科普知识网络竞赛共有63.56万人次参赛。2022年科学大擂台科普知识网络竞赛共有202万人次参赛。网易新闻关于竞赛的网络视频，观看人数超239万人次。	—
4	广州科普自由行	2014年	广州地区百余家科普资源单位免费向市民开放，通过科普导览、科普讲座、科普互动等形式开展丰富多彩的科普活动。	每月一次	至2021年，共有195家单位参加，举办活动3184期次，网上报名人数达99万人次。全媒体传播全网点击量超800万。	搜索"科普广州"微信公众号
5	院士专家校园行	2017年	组织院士和科技专家进校园，向广州地区青少年普及科学知识。	不定期	2022年，广州市组织开展院士专家校园行、科普大篷车、科普大讲坛、科普游、青少年机器人竞赛等科普品牌活动576场次，参与市民群众逾825万人次。2023年截至8月，组织开展院士专家校园行、科普大篷车、青少年机器人竞赛、广州科普开放日、广州公民科学素质竞赛等科普品牌活动417场次，参与市民群众逾75万人次。	—

（续上表）

序号	品牌名称	创立时间	形式和内容	活动频次	覆盖人群与传播效果	参与方式
6	科普开放日	2022年	全国首创的、资源覆盖全市、时间跨度全年的科普活动，是一场"多形式、重体验、齐参与"的全民科普盛宴。	全年	2022年，广州地区165家科普资源单位向市民免费开放，线上线下参与人数超过150万人次。2023年上半年，活动共组织广州地区92家单位向市民免费开放，组织活动311场次，参与人数超过15万人。	搜索"科普广州"微信公众号

（数据来源：广州市科协）

　　在良好的城市科普氛围的基础上，2022年广州市全国科普日活动系列活动，开展科普活动218场次，覆盖人群超过600万人次，广州市三分之一的常住人口参与该项科普活动。广州科技活动周系列活动，围绕"走进科技　你我同行"主题，2022年累计举办各类活动379场次，策划实施创新科普嘉年华、科技开放日、科学之夜等重点科普品牌活动，公众参与量逾1104万人次，覆盖六成以上的广州地区居民。

　　广州科技传播不仅仅是科学知识的传播，也是在广州市科协统筹协调下构建起来的覆盖人民生活、工作、娱乐、学习，覆盖不同人群不同生活阶段对科学知识的不同需求的传播体系。这一科技传播体系不仅注重科学知识的传递，更注重科学思想、科学精神、科学方法的传播，致力于推动科技与文化、科技与艺术、科学普及与人文精神的融合。

（二）善用社交信息平台，融合全媒体实力

科技传播是一个全域、全时、全景、全员的信息交流活动。科技传播体系除了要打造品牌，还要善用社交信息平台，在引领价值导向的同时，以公信力抵制伪科学、破除谣言，防止舆情事件中的受众出现极化现象。

为更好实施科普信息化提升工程，提升科普传播能力，广州市科协坚持需求导向，大力实施"互联网＋科普"行动，于2020年创新推出"科普广州"信息化平台（以下简称"科普广州"）项目。2022年，"科普广州"共计发布推文和视频1207篇（个），全网总浏览量达6138.5万次。"科普广州"全媒体社交信息平台，以微信、微博、视频号、抖音为支点，以澎湃新闻、今日头条App等为阵地，进行科普资讯同步分发，搭建智慧媒体矩阵，全方位推进科普理念、科普内容、表达方式、传播手段、服务模式等的创新，不断拓宽科学传播渠道，推进科普资源开发，满足公众泛在化、多样性、个性化获取科普信息的需求。

广州市科协创办了多媒体复合型科技传播平台"科普广州"。该线上复合科技传播平台以创新科普表达方式为目标，具体内容涵盖三大板块：一是以权威有趣的方式传播科学知识，二是用游戏和直播的形式多方位吸引读者参与，三是汇聚原创内容生产及权威信息。"科普广州"策划原创的"科博士实验室"不断探索科学传播新模式，通过图文、漫画、短视频、直播、H5游戏等全媒体手段，以生动的形式传递硬核科技内容。"科普广州"举办的知识竞答游戏以"科学大擂台"小程序为载体，采用时下最流行的两人PK答题模式，模拟激烈的一对一竞技比赛，吸引了全国地区用户的关注。

"科普广州"全媒体社交信息平台的不同板块和支点，在价值观方面，坚守定位与正确的科技传播导向，以科学的精神、科学的手段传递科学的

内容。在内容和形式上联动互补，同时又各有特色、各有侧重，以尽可能丰富的内容覆盖尽可能多的人群。

"科普广州"公众号，定位"专注推广科普知识，发布广州科普活动相关信息"，并承担广州地区科普活动的参观、预约、报名工作。"科普广州"推文数量最多的是科普活动的宣传（见图3-1），公众号起到平台聚合的作用，把广州地区尤其是广州市科协牵头组织的时间跨度较长、内容形式较为丰富的活动串联起来，帮助用户更好地进入一个"泛时、泛在的科普空间"；公众号推文数量紧随其后的文章类型是解读前沿科技。"科普广州"还设立了服务性较强的专栏，如"答疑解惑"的专栏，它对于公众预约参观广州青少年科技馆可能遇到的问题进行答疑，如怎样预约，预约能不能取消，场馆公共交通和停车指南等。从图3-2"科普广州"微信公众号词云可以直观清晰地看到，公众号的运营者非常注重"平台化"聚合功能与读者之间的互动关系，而从图3-1实际的阅读量数值可以看出，在二者基础上实现的用户黏度已带来了长效的科普功能。

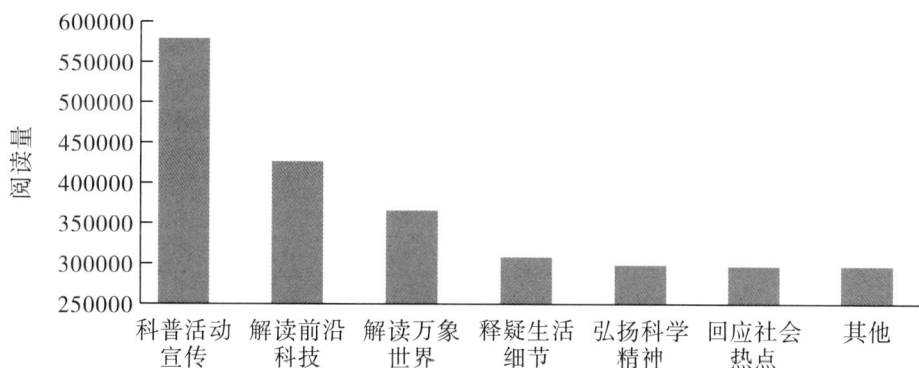

图3-1 "科普广州"微信公众号选题分类及阅读量

图 3 - 2　"科普广州"微信公众号词云

"科普广州"微博账号侧重于关注社会反响强烈的科普事件与信息，与其他的微博号形成互动交流。"科普广州"微博号的内容有互动的广度：与央视、上海科普等微博号联动，拓展"大科普"的知识视野；有内容的深度：设立了如"科博士实验室"等栏目；让科普变得"有温度"：广州地区一夜入秋，"科普广州"与其他生活文化号联动，报道广州金秋赏花知识。

"科普广州"抖音号的定位是"让科学流行起来"，从策划与定位来看，抖音号做了"十万个为什么""科博士实验室"等解读万象世界、释疑生活万象的作品，用科学的媒介探索世间万物。这些专题策划到位、传播有序，相较"科普广州"其他平台在内容上更强调自身特色，形成了互补与互联。同时，在选题方面，融入文化与生活，精心挑选了具有鲜明地域特色的科普选题，实现了科普账号内容的"破圈"。譬如 2022 年，华南农业大学园艺学院刘成明教授释疑岭南水果"脆蜜"的前世今生，既是科技赋能新时代乡村振兴的传播推广，又与老百姓的生活息息相关，该短视频在"科普广州"抖音号上累计吸引 1070.8 万人次观看，点赞数突破

14.3 万，评论数 1.6 万，转发数 2.7 万。通过对留言者 ID 所在地域的分析（见图 3 - 3）能够看出，这一主题的科普作品受到更多国内南方地区，甚至东南亚地区的粉丝的喜爱。"科普广州"抖音号不同类型视频点赞数如图 3 - 4 所示。

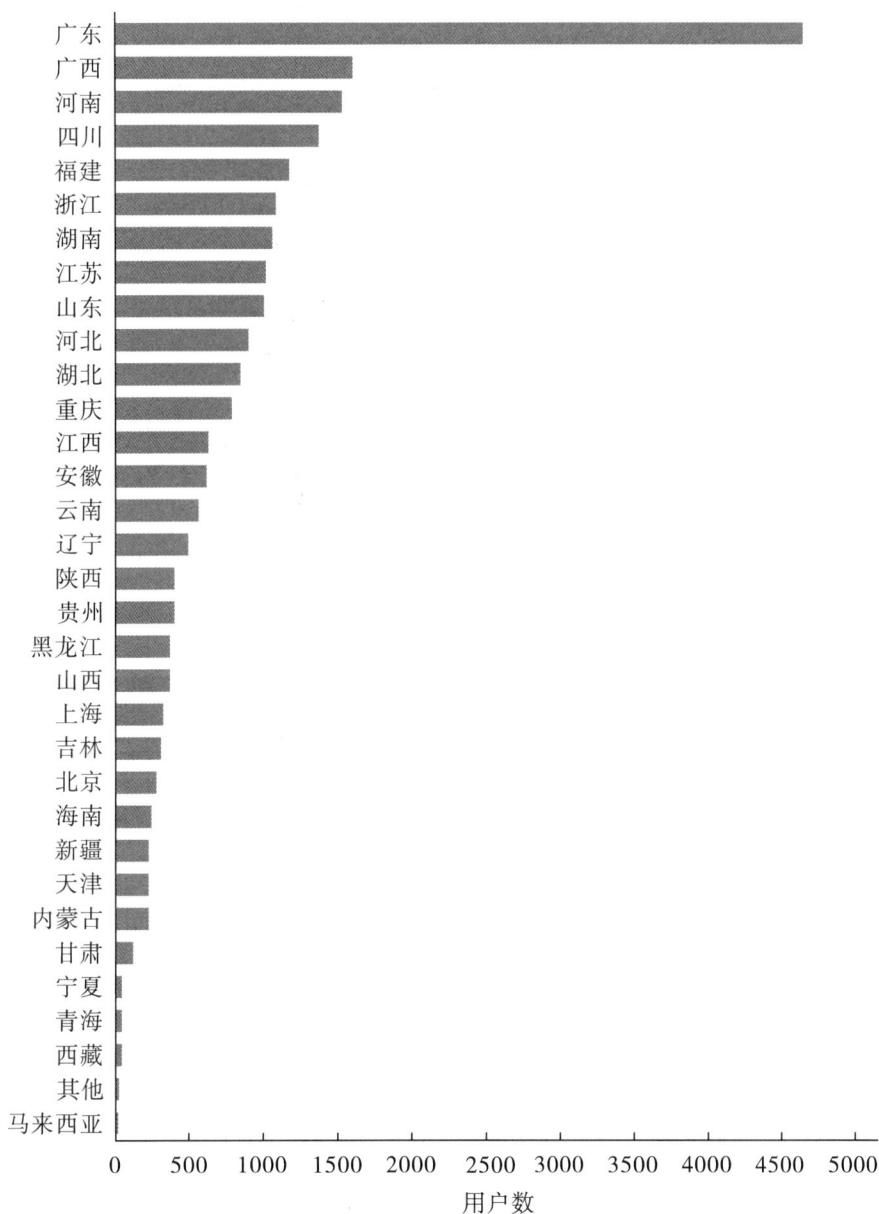

图 3 - 3　"科普广州"抖音号用户地域分布

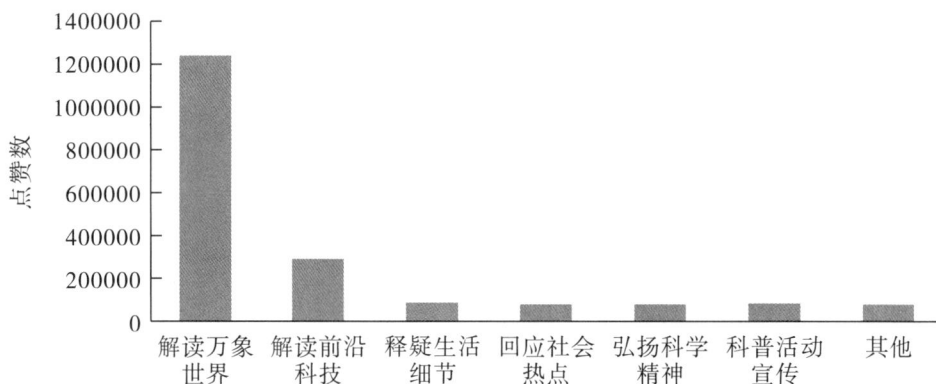

图3-4　"科普广州"抖音号不同类型视频点赞数

　　"科普广州"全媒体社交信息平台，以社交媒体为支点的媒体矩阵已经成形，传播渠道广、传播效能高。"科普广州"利用网络化、数字化、信息化、协同化，实现线上线下相结合，使市民能一站式方便快捷获取丰富的科普活动服务，极大提升了公共服务能力；"科普广州"横向联动科研院所、高等院校、科技企业等科普资源单位，打造多平台联动的融媒体阵地，纵向将科普资源下沉到街镇、社区、农村、学校、企业等，不断扩大科普覆盖面，打通科普服务的"最后一公里"；同时，积极开展应急科普宣传，推出"应急科普""防灾减灾"等相关专题，市民可在"科普广州"及时了解公共卫生预防、防灾减灾等相关知识，最大限度地预防和减少突发事件造成的损害，更好地服务和保障经济社会发展。

（三）集结八方资源，发展垂直类媒介

　　新时期科技传播强调全社会、全员的终身学习。终身学习与拥有完整、统一体系的基础教育相比，学习的维度变得复杂多样，有职业教育、素质教育、兴趣爱好的区别，有应急防灾、疾病防治、健康养生等生活不同阶段和场景的需求，更有因年龄变化而产生的科普学习的需求。为呼应

新时期科技传播对于"终身学习"的要求，科技传播体系需要发掘满足不同需求的垂直类的"科技传播媒介"。

广东省医学会健康传播自媒体联盟（简称"联盟"）是在广东省卫生健康委、广东省医学会指导下，按照国家网络文化建设的总体要求，搭建的广东省健康科普创作与创新平台。联盟积极调动和发挥全省医护人员健康科普创作的积极性和主动性，鼓励全省医护人员创作健康科普作品，促进健康科普教育传播，旨在加强医疗卫生健康行业在微信、微博、抖音、快手、南方号、客户端等新媒体平台上的宣传力度，形成全行业宣传合力，用专业的健康科普知识和有效的传播，树立大众正确的健康观念，提升大众健康科学素养。

联盟成立至今，目前成员已超过 1000 家，总粉丝数超 9000 万。其中大型公立三甲医院新媒体账号超 300 个，医护人员个人自媒体账号达 107 个，成员涵盖全省所有三级医疗机构、疾控和卫生监督机构，还有大量二级医疗机构和社区卫生服务机构，以及医药卫生行业企业和医护工作者个人的各类型新媒体账号。

联盟自成立以来，共举办四期健康科普大赛，规模逐年壮大，参赛选手累计超过 15000 人，线上线下参与的受众超过 1.6 亿人次，品牌赛事"南方健康科普大赛"已发展成社会影响力大、公众参与度高的重大特色科普品牌活动。2023 年 5—8 月，联盟开展的第四届南方健康科普大赛暨南方健康科普优秀工作者推选活动，有来自广东、湖南、湖北、天津、江西、广西壮族自治区、福建等 25 个省区市 74 个地市 2880 位作者的 4787 组作品参赛，全国报道此赛事的媒体近 400 家。该赛事由广东省科协、广东省卫健委指导，广东省医学会主办，广东省医学会健康传播自媒体联盟承办，这不仅是面向公众的科普推广，同时也是医疗卫生干线科技工作者之间的一次业务交流与新媒体技能拓展。

联盟内部长期开展多种形式的健康科普培训，包括线上课程、线下培训班、特训营等，内容涵盖新媒体知识、活动营销、短视频与直播、摄影技巧等多个领域，针对性强，实用性高。如举办新媒体短视频春季、夏季特训营，南方健康传播大会，线下培训人次达5000多；不定时开展线上直播，邀请行业专家与专业人士开展线上直播课程，线上直播浏览量超过百万人次。同时，联盟还搭建起自己的品牌会议与品牌培训，即南方健康传播与创新大会，以及南方健康传播新媒体短视频培训班。联盟自成立以来，与多方组织合作，在组织赛事、联动直播、线下培训等多个方面，为联盟成员提供了更多的机会和资源，扩大了健康科普的传播范围，提升联盟影响力与知名度。如与中国医师协会健康传播工作委员会合作举办"粤式"健康传播知识类分享直播、生命的微光公益直播、第三届金牌讲师大赛；与中国卫生摄影协会合作举办卫生健康系统新媒体与新闻摄影研修班；与广东省护理学会合作举办"岭南南丁格尔式"优秀护士评选活动，推选护理界的健康科普达人；与腾讯微信合作举办公益直播、视频号内部培训会等。

2022年，联盟协助广东省妇幼运维团队，帮助广东省妇幼保健院全面升级官方公众号，改版"粤妇幼健康直播"，上线"粤妇幼"小程序，形成集健康宣教、就医服务、智慧医疗于一体的"粤妇幼"新媒体创新平台。先后推行了院内导航、检查预约、查阅云胶片、病历复印等服务，优化服务流程，提升患者体验，让"患者少跑腿，数据多跑路"，"粤妇幼"公众号粉丝量超300万，结合各大节日推出宣传片12部，位居全国三级妇幼保健院微信公众号科普影响力排行榜第1位。此外，"粤妇幼"运维团队新开设视频号，通过组建工作团队、梳理工作流程、紧跟内容质量，打造了"粤妇幼"健康讲堂等多个品牌栏目，获得广大群众的喜爱。

（四）创新传播形式，丰富线上/线下体验模式

《全民科学素质行动规划纲要（2021—2035年）》提出的重点工程之一是科普信息化提升工程，即提升优质科普内容资源创作和传播能力，推动传统媒体与新媒体深度融合，建设即时、泛在、精准的信息化全媒体传播网络，服务数字社会建设。新时期科技传播的媒介要与时俱进，关注新趋势，探索新方法，善用新技术。

广州市科技传播聚焦当下的城乡一体化传播生态链，结合新时代科技传播的特点，立足广州丰富的科技资源，融合包容开放、求真创新的岭南文化特色，有针对性地提升了不同媒介的协同效率，统筹协调优化了平台模式，坚持以用户思维为导向的推广策略，设立了多元互补的科普形式。

广州市2022年累计开展线上线下科普活动1167场次。着力构建线上线下相结合的科普信息化服务阵地，共计建设科普e站239个，打造"掌上云看馆"小程序。2022年，"科普广州"新媒体矩阵（微信公众号、抖音、视频号、微博、快手等）共发布推文和视频1207篇（个），全网总浏览量达6138.5万。

2022年，广州市共举办了5期珠江大讲堂，实现"线上＋线下＋二次"多元传播，累计吸引了超过17.9万网友关注线上视频直播、超400人参与现场讲座，衍生的17部科普视频收获23万观看量。举办了3期"格致论道·湾区"讲坛，总播放量达223.82万。举办了7期广州科普大讲坛线上科普节目，受众达536万人次。

2022年，在"科普广州"平台开设"应急科普"专栏，开设"疫情科普"专区和"防灾减灾"专区，累计发布疫情相关科普推文50余篇、短视频20条、科普大讲坛1期，浏览人次超过400万。组织第14个全国防灾减灾日和第33个国际减灾日专题科普宣传，充分发挥市应急安全全

民体验馆移动宣教车、防震减灾科普馆和华南安全实操培训基地的功能特色及宣传阵地作用，扎实开展广州塔和户外大屏防灾减灾主题点亮活动，全年累计共开展各种活动1000余场（次）。

2022年，广州黄埔区依托区域优质、强大的科技资源，构建"1+1+5+N"黄埔特色科普活力圈，即培育1个黄埔特色科普活力圈，建设1家黄埔少年科学院，打造生态、协同、互助、研学、达人5条科普链，全面铺开"N"个科普点位，在全国首创"10—30—521"科普服务体系，搭建丰富多元的科普阵地。市民无论在黄埔区哪一个角落，10分钟内即可到达最近的科普点，乐享30分钟科普课程，科普无处不在。

在黄埔区（广州开发区）484平方公里的区域内，分布着近3000个科普点，平均每平方公里就有6个科普点。点多面广，质量也高。全区1个镇政府、16个街道办挂牌设立了黄埔区少年科学院分院，每一个分院都有一名院士"坐镇"。苏国辉、唐本忠、徐宗本、刘焕彬等院士、专家"组团"担任黄埔少年科学院名誉院长，让"最强大脑"深入基层、走到群众身边。每一个街道能配备一名院士或专家，是黄埔区的重视，也得益于该区丰富的人才资源。作为广州科技创新的主引擎，该区拥有国家实验室、大湾区国创中心两大"国之重器"，集聚院士专家团队超100个、高层次人才超1000名，科技创新实力位居全国经济技术开发区第一。

第三节　广州科技传播的精准覆盖与协同创新

广州市公民科学素质建设的目标是：至 2025 年，广州市公民具备科学素质的比例达到 24.5%，进一步在全市范围内形成科学精神引领下的崇尚创新的社会氛围。

为了实现这一目标，广州科技传播服务创新发展大局，完善纲要责任机制；讲好科技人才故事，大力弘扬科学精神；构建科普宣教联动机制，打造应急科普品牌；推进科普信息化提升工程，提高优质科普内容资源创作和传播能力，推动传统媒体与新媒体深度融合，建设即时、泛在、协同、互补的信息化全媒体传播网络；持续推进科普基础设施工程建设，建立政府引导、多渠道投入的机制，实现资源合理配置和服务均衡化，形成"线上＋线下"联动，覆盖广州地区居民的生活、工作、学习、职业培训、疾病防治、娱乐休闲、应急防灾的全方位情境的复合传播模式。

一、广州科技传播体系精准覆盖五类人群

2022—2023 年期间，广州市全民科学素质工作以习近平新时代中国特色社会主义思想为指导，全面贯彻党的二十大精神，认真贯彻落实《关于

新时代进一步加强科学技术普及工作的意见》《广东省科学技术普及条例》《广东省全民科学素质行动规划纲要实施方案（2021—2025 年）》，以实施《广州市全民科学素质行动规划纲要实施方案（2022—2025 年）》为主线，组织动员广州市科普工作联席会议成员单位和 11 个区，围绕青少年、农民、产业工人、老年人、领导干部和公务员五大重点人群开展科学素质工作，着力构建社会化协同、数字化传播、规范化建设、国际化合作的新时代科普生态。

（一）新时期科普生态建设

广州市整合各类资源、发动多方力量，部门之间打破行业、领域壁垒，丰富优化科技传播的形式，提高传播效能，共同构建新时期科普生态。

一是服务创新发展大局，完善纲要责任机制。2022 年，广州市建立市科普工作联席会议制度，充分发挥市科普工作联席会议办公室的牵头作用，动员各行各业联合协作，逐步形成"纵向到底、横向到边、共抓科普"的工作格局。南沙区成立全国第一个科技系统党组织"中国共产党广州南沙新区科技系统委员会"，成员单位达 25 家，进一步加强科协组织体系建设。

二是讲好科技人才故事，大力弘扬科学精神。2023 年，广州市举办广州"院士专家校园行""众心向党 自立自强——党领导下的科学家"主题展，开展包括"广州市科技传播达人""广州科技传播力量""广州市科普工作优秀单位""广州市优秀科普工作者"及"广州市优秀科技志愿者"在内的评选表彰及专题宣传。

2022 年，广州市通过全国科普日主会场活动展出"非凡十年"科技成就展，全方位展示全国特别是广东和广州科技战线的各领域成就。同时，广州市联合广东广播电视台开展"奋斗的青春"广州青年奋斗故事实录活动，先后邀请 21 名奋斗在科技创新一线的青年讲述成长奋斗故事，在城市之声、交通之声、粤听网络客户端收获听众近 2 万人次。

三是构建科普宣教联动机制，打造应急科普品牌。2023 年 9 月，广州市科普工作联席会议办公室与广州市应急管理局联合发布了广州市应急科普宣教协同机制。该机制推动广州全市防范应对公共卫生、自然灾害、事故灾难等突发事件的科普宣教工作，得以更加广泛深入、常态高效展开，形成全民动员、平战结合、以防为主、防治抗救相促进的应急科普宣教局面。

2022 年，"科普广州"平台开设"应急科普"专栏，以及"疫情科普"专区和"防灾减灾"专区，累计发布疫情相关科普推文 50 余篇、短视频 20 条、科普大讲坛 1 期，浏览人次超过 400 万。组织第 14 个全国防灾减灾日和第 33 个国际减灾日专题科普宣传，充分发挥市应急安全全民体验馆移动宣教车、防震减灾科普馆和华南安全实操培训基地的功能特色及宣传阵地作用，扎实开展广州塔和户外大屏防灾减灾主题点亮活动，全年累计共开展各种活动 1000 余场（次）。印发《广州市科普工作联席会议办公室关于进一步做好疫情防控应急科普宣传工作的通知》，动员和组织各有关单位积极投身疫情防控应急科普宣传工作。通过官方网站和政务新媒体发布疫情防控指引等稿件 6488 篇，总阅读量逾 34584 万，总转发量达 343 万。针对性打造防疫科普产品，设计《春节期间出行人员健康提醒》等海报 6 款共 77 万份，开展"防艾青春 YOUNG 科普短视频大赛"等活动。

（二）针对五类重点人群精准施策

1. 提升青少年素质，培养科技创新后备人才

2023 年，广州市把科学精神融入课堂教学和课外实践活动，办好广州"院士专家校园行""众心向党 自立自强——党领导下的科学家"主题展，培养学生爱国情怀、社会责任感、创新精神和实践能力。

2023 年上半年，徐义刚院士等 27 位科技工作者受邀在 72 所中小学校开展了 72 场科普讲座，2.3 万多学生现场聆听了科普讲座。2023 年暑假，"广州科普游"助力"双减"加快落地，服务青少年重点群体的专题活动共计 75 场次，惠及 3545 人次；开展了 3 期"科普夏令营"青少年专线活动，共 75 组家庭 150 人参加，既充分发挥了项目科普资源单位优势，又丰富了青少年暑期生活，有效增加了青少年校外教育活动阵地供给。

2023 年，广州市推进信息技术与科学教育深度融合，推行场景式、体验式、沉浸式学习，编印《2023 广州市青少年科学素质读物》，促进科学技术知识在青少年人群中的传播普及。

2023 年，广州市深化高校创新创业教育改革，深入实施国家级大学生创新创业训练计划，组织学生参加第九届中国国际"互联网＋"大学生创新创业大赛，加强与香港的青年创客联盟、广州市的港澳台青年创新创业基地联盟协同合作。

2023 年，广州市探索推进科技类特色学校创建工作，支持中小学校开展 STEM（科学、技术、工程和数学）教育及创客教育，推动中学生"英才计划"提质增效，持续开展市青少年科技创新大赛、市中学生创新创业大赛、市中小学生科技创客电视大赛、"我是创客＋"等具有广州特色的青少年竞赛和教育活动。

2022 年，广州"院士专家校园行"活动共邀请 44 位科技专家走进广

州市 114 所中小学校，为 4 万多名青少年开展科普讲座 114 场；组织全市 11 个区 270 多所学校 1.8 万多名中小学生参加中小学生天文知识学习竞赛；广州市学生参加第 36 届、第 37 届广东省青少年科技创新大赛继续保持全省第一的成绩；在 2022 年第八届中国国际"互联网＋"大学生创新创业大赛全国总决赛萌芽赛夺得创新潜力奖 6 项；指导全市学校积极开展形式多样的"4·26"校园知识产权宣传教育活动，共有 680 多所学校约 70 万中小学生以线上的方式参与学习；举办 2022 年穗港澳青少年科技交流活动，吸引三地近 6000 名中小学生参加 6 个科技项目的交流展示和竞赛；组织开展 2022 年穗港澳台青少年科技体育模型夏令营暨海陆空模型铁人三项邀请赛活动，超过 35 所学校近 1000 名师生参与交流展示和作品评审；组织粤港澳大湾区创客教育交流研讨活动，征集作品 1000 余件，入围初评及交流展活动作品 400 件，为扎实提升青少年科学素质、培养和选拔科技创新人才夯实基础；建立健全青少年科技专业课程体系，提供天文、生命科学、计算机、科技模型等科技培训课程 12 个、科技类培训学位近 4000 个，依托市少年宫创新开展科普教育活动 44 场，受众 6 万余人次。

2. 提升农民科学素质，助力乡村振兴战略

2023 年，广州市加强科普宣传教育力度，重点围绕保护生态环境、节约能源资源、绿色生产、防灾减灾、卫生健康、移风易俗等主题提供多样化的农村科普服务，传播科学理念，帮助农民养成科学健康文明的生产生活方式。

2023 年，广州市开展高素质农民和农村实用人才培训，编印《2023 广州市农民科学素质读物》，创新"固定课堂＋田间课堂＋空中课堂"培训模式，实施精准培训，抓实做优 2023 年度 1600 名高素质农民培育工程。

2023 年，广州市实施乡村振兴科技支撑行动，深入开展农业科技进村入户工作，推进农技服务驿站建设，深化农技示范基地认定，强化先进适用新品种、新技术的示范推广；鼓励高校和科研院所开展乡村振兴智力服务，推广科技小院、专家大院、院（校）地共建等农业科技社会化服务模式。

2022 年，广州市打造了 50 个科普特色村，在全市认定农业技术推广示范基地 30 个、示范新优品种 30 个、先进适用技术 22 项，全年示范面积 2 万多亩，辐射带动面积 18.6 万亩。累计出动农技人员 2472 人次，服务企业 1434 家次，解决问题 1983 个次；认定 777 名乡土专家，为进一步夯实广州市农技服务基层队伍建设提供人才支撑。

3. 提升产业工人科学素质，奠定广州制造人才基础

2023 年，广州市开展理想信念和职业精神宣传教育，举办"最美科技工作者"、巾帼建功等活动，大力弘扬劳模精神、劳动精神、工匠精神，营造崇尚劳动、尊重劳动者的社会氛围。

2023 年，广州市面向产业工人广泛开展职业技能、信息技术、职业病防治等职业教育和培训，实施"技能中国行动"计划，办好广州职工大学堂、流动课堂、线上微课和职工书屋，组织参加全国技能大赛、"振兴杯"全国青年职业技能大赛，开展好青年岗位能手、"青创先锋"评选推荐等工作，推动科普助力"大国工匠"品牌建设。

2023 年，广州市围绕绿色发展、安全生产、健康生活、心理疏导、防灾减灾等专题内容，广泛组织进城务工人员开展培训，同时开展求学圆梦行动、"来穗人员融合大学堂"、家政培训、科技创新巾帼行动等活动。编印《2023 广州市产业工人科学素质读物》，提高产业工人稳定就业和科学生活技能。

2022 年，广州推动全市企业组织形式多样的职工培训活动，全年培训

超 30 万人次。大力推进职业技能登记认定工作，新增汽车饰件制造工、弹簧工等 9 个职业 12 个工种，积极成立职业技能培训学校，自主开发"悦识"等线上职业培训平台。在"广州职工大学堂"开设手机摄影、视频制作、新媒体矩阵分析与讲解等课程 48 场，受训学员累计达 1425 人次。开展"粤菜师傅""广东技工""南粤家政"三项工程羊城行动，打造"羊城工匠杯"劳动和技能竞赛、"较真功·展才华"广州市职工发明创新大赛等品牌赛事，实施岗位练兵和技能提升活动，促进创新科技成果项目落地转化、产业工人科学素质提升。

4. 提升老年人科学素质，积极应对人口老龄化国家战略

2023 年，广州市聚焦老年人运用智能技术、融入智慧社会的需求和困难，全面整合资源积极开展系列助老宣教、培训、交流活动，编印《2023 广州市老年人科学素质读物》，壮大智慧助老志愿服务人才队伍，强化面向老年群体的普法宣传力度，提升老年人信息获取、识别和使用能力，有效预防和应对网络谣言、电信诈骗。

2023 年，广州市推进社区银龄科普学堂项目，依托健康教育系统，推动老年人健康科普进社区、进乡村、进机构、进家庭，丰富面向老年人的科普资源供给服务。聚焦医养康养结合、老年慢性病康复治疗等主题，利用广播、电视、报刊、网络等各类媒体，普及合理膳食、食品安全、心理健康、体育锻炼、合理用药、应急处置等知识，提高老年人健康素养。支持老科技工作者、老专家、老教师等志愿参与教学培训和科普活动，开展广州市银龄科技工作者志愿服务队进社区、进农村科普惠民活动，提升老年人信息素养和健康素养。

2022 年，广州出台《广州市公安机关打击整治养老诈骗专项行动工作方案》，发布养老诈骗相关稿件 37 篇、公布典型案例 54 个，获央视新闻、新华社、公安部刑侦局及《澳门日报》等媒体采用转载约 800 篇次，部分典型案例获央视财经频道、央视新闻频道《法治在线》栏目采用并制作成专题节目；统筹市公安政务新媒体矩阵，制作发布原创图文、海报、视频以及歌曲改编等相关新媒体作品近 500 个，全网点击量超 4000 万次，获"学习强国"平台、新华网、广东政法、广东公安等官方新媒体账号联动转发；充分发挥"平安广州宣讲团"的品牌作用，深入农村、社区、街道、商圈、公园、广场等开展现场宣讲活动 110 次，覆盖家庭近 200 万户；开展市公安局门户网站和"广州微警务"小程序的适老化与无障碍改造，增加适老化界面，提供导航阅读、指读、大字型、大鼠标、语音阅读等适老化功能，有效实现智慧助老、科技助老、人文助老。

5. 提升领导干部和公务员科学素质，提高科学执政水平和科学治理能力

2023 年，广州市广泛开展面向基层领导干部和公务员的科学素质提升行动，注重培养基层干部专业能力和专业精神。办好珠江科学大讲堂、广州科普大讲坛、格致论道·湾区讲坛等院士专家科技讲座，编印《广州市领导干部和公务员科学素质读物（2023）》，制作精品科普课件、科普微视频，为市干部培训网络学院提供选修课程。同时，广州市在公务员录用考试和任职考察中，强化科学素质有关要求并有效落实。做好电子政务领域新技术、新标准在领导干部和公务员中的推广工作。

二、广州科技传播构建大科普格局

广州科技传播创新科普工作机制，迈出构建大科普格局新步伐，构建起各类型横向传播模式，引导粤港澳大湾区协同创新，探索"科学＋产业"的模式，实现社会效益与经济效益的协同发展。

（一）创新科普工作机制

一是抓好科普工作统筹，引导构建大科普格局。在政策制定和协同机制方面，2022 年，广州市印发《2022 年广州市全民科学素质行动工作要点》，推动各成员单位、各区将科普工作纳入统筹部署与目标管理考核，编制印发《2022 年广州市气象局科普工作方案》《广州市农业农村局关于做好 2022 年度高素质农民培育工作的通知》《2022 年广州市民政局科技活动周实施方案》等文件，推动形成分工明确、资源共享、优势互补的协同推进机制。2023 年，广州市加强农村科普体系建设，印发《广州市乡村振兴农民科学素质提升行动实施方案（2023—2025 年)》，加大科普特色村建设力度，持续推进科普日、科技周、世界粮食日、健康中国行、千乡万村环保科普行动、农村安居宣传等各类科普活动，开展乡村科普大喇叭项目，打通农村科普宣传的"最后一公里"。

在项目创新和资源整合方面，广州市开展"科普讲座主题'点餐式'服务"，构建起科技工作者与科技传播对象的多元化链接模式，由广州市科协牵头，面向全市发布"科普名师"和科普讲座主题，有科普讲座需求的单位和机构可以向广州市科协申请以获得"定制"科普讲座资源。2022年的第一批发布，包含了85 位专家及 114 个科普讲座主题，内容涵盖了生命健康、食品安全、生态环境、动植物、新能源新材料、新一代信息技术、人工智能等前沿科技及社会科普热点主题。

二是加强科普平台建设，不断塑造发展新动能。成立广州科普研究智库，聚合政府、学界、业界专家力量，推动打造具有权威影响力的科普研究共同体，大力培育指导和服务科普实践的智库产品。构建"科普广州"平台，集结八方资源，形成立体复合的线上宣传矩阵。

为促进广州市科技传播资源共建共享、提质增效，广州市科协牵头成立的广州科技传播联盟，由广州地区各类媒体单位、国家重点实验室、省重点实验室、高新技术企业、各级科普基地、市科协团体会员等共同组成。广州科技传播联盟通过成员间的优势资源整合与传播功能融合，强化全社会科普责任，打造社会化协作、数字化传播、规范化建设的新时代科普生态圈，促进广州地区科技传播理论研究和人才培养，搭建起科技传播交流平台，深化科技传播跨界合作。

广州科技传播联盟开展"科普广州"平台共建项目，邀请相关领域智库专家，围绕新媒体时代科普工作的发展、政策扶持、科普发展纲要理论支撑等内容展开调研分析，并发布《2023年广州市科技传播发展报告》；举办2023年"广州十大科学传播达人"评选及学习宣传活动，举办"典赞·2023科普中国"推选项目征集活动及"广州科技传播力量"年度征集活动，在全市范围内广泛征集优秀科普作品、人物、团队，从形式创新、科普传播影响力、引导正确舆论导向等多维度进行案例搜集与经验分享。同时，广州科技传播联盟还定期举办专题论坛、科普游媒体行、科普传播大讲堂直播等活动。2023年11月，"广州科技传播联盟"微信小程序上线，以更丰富的形式、更便捷的操作，帮助更多个人和会员单位接触科普项目，共享科普资源，践行科普责任。

在广东省卫生健康委、广东省医学会指导下建立的广东省医学会健康传播自媒体联盟拥有成员数过千，粉丝总数超9000万。其中大型公立三甲医院新媒体账号超300个，医护人员个人自媒体账号达107个。联盟内部定期组织竞赛、评选、交流、培训活动，助力医疗干线科技工作者及相关联盟成员提升传播技能、优化传播内容。作为专业的医疗工作者，医护人员掌握了丰富的疾病防治、健康养生等群众关心的知识，同时，由于不是专业的传播者，他们在传播的内容制作、传播渠道开发等方面，还有一定的提升空间。联盟自成立以来，共招募五批33个实训基地，通过深度合作，为联盟成员提供更加全面、系统的健康科普培训。实训基地涵盖了省内的多家三级医疗机构、疾控机构及健康传播平台。联盟与实训基地联合开展了一系列健康科普活动和培训计划，如新媒体特训营、健康科普大赛等。2023 年，联盟集合联盟委员的运营经验及优秀成员的成功运营案例，推出《传播粤健康——健康传播新媒体运维指南》，帮助更多的联盟成员提升运营能力。

加强健康科普制度建设，出台《广州市健康科普专家库管理办法》《广州市健康科普资源库管理办法》等政策性文件，从全市医疗卫生机构遴选 153 名专家组成首届广州市健康科普专家库，推动广州市健康科普工作规范化、制度化发展。

三是逐步完善标准体系，凝聚全社会科普合力。持续推进《广州市科学技术普及条例》《广州市科学技术普及基地认定管理办法》的修订完善工作，省内首部《科普基地标识标牌建设规范》已送审广州市市场监督管理局。加强对科普基础设施建设的统筹规划与宏观指导，研究制定《广州市现代科技馆体系建设中长期规划纲要（征求意见稿)》。完善科技志愿服务管理制度，印发《广州市科普工作联席会议关于印发加强广州市科技志愿服务工作实施方案的通知》，督促、指导各区、各街（镇）组建科技志愿者队伍，推进科技志愿服务专业化、规范化、常态化发展。

广州市科协通过多层次、多元化的学术交流平台，支持项目资助广州地区的科技社团、企事业单位、企业开展学术交流（见表 3－6）。根据广州市科技社团 2021 年年报，5 年间共开展 134 场学术会议。这些学术交流项目、学术会议，服务粤港澳大湾区国际科技创新中心建设和广州主导性产业和战略性新兴产业的发展。会议主题聚焦数字经济、信息技术、人工智能、纳米技术、生物医药、新能源、新材料等广州优势科技领域。学术活动传递科技信息，促进科技文化交流，服务战略大局，推进协同创新。

表 3-6　广州市科协近 5 年来支持学术会议统计

项目名称	立项数量（场次/年）	支持金额（万元）	支持对象
学术交流与产学研融合项目	68	265	团体会员
国际学术会议之都	41	860	科技类社会组织
粤港澳协同创新论坛	10	79.5	学会、科技团体等
花城院士论坛	15	300	社会组织、科研机构、科技型企业
青年学术会议专场	4	30	青年学者

（数据来源：《广州市科协建设发展报告（2022）》）

（二）协同创新带来的社会效益与经济效益

广州科技传播的策略与行动，创建了良好的社会创新氛围，对实现"科研—科普—科创"的循环起到积极的作用。

广州市建立了市科普工作联席会议制度，由广州市科协牵头，组织动员 37 个广州市科普工作联席会议成员单位和 11 个区，围绕青少年、农民、产业工人、老年人、领导干部和公务员五大重点人群开展工作，逐步形成"纵向到底、横向到边、共抓科普"的工作格局。

2022 年，全国第一个科技系统党组织"中国共产党广州南沙新区科技系统委员会"正式成立，成员单位达 25 家。2023 年，广州市南沙区被中国科协认定为"全国科普示范区"，这是一个城区科学普及发展水平的国家级最高荣誉。

广州市社会科学院与社会科学文献出版社联合发布的《广州蓝皮书：广州创新型城市发展报告（2023）》中提到：广州不仅基础研究能力居大湾区城市首位，在大湾区基础研究合作中也处于核心地位。2022 年，科技部、教育部联合批复生物医药与新型移动出行、空天科技、未来能源与智能机器人等 10 家未来产业科技园作为建设试点，打造未来产业创新和孵化高地。其中，广州获批建设生物医药与新型移动出行未来产业科技园，建设单位主要有中山大学、广州汽车集团股份有限公司和广州医药集团有限公司。

中国科协发布的"2022 科创中国新锐榜"，广州有 3 家企业上榜，分别是：广州探迹科技有限公司、联通沃音乐文化有限公司、广州市易工品科技有限公司。

中国创新创业成果交易会（以下简称"创交会"）是以国家"双创"战略为指导构筑的创新型、平台型、开放型、枢纽型国际化创新创业成果品牌盛会，每年都在广州举行。2023 年，第九届创交会由中国科学技术协会、国家发展和改革委员会、中国科学院、九三学社中央、广东省人民政府、广州市人民政府联合主办。截至 2023 年 12 月，创交会已成功举办 9 届，累计展出成果 1.6 万余项，发布项目超 3.2 万项，转化落地金额超 600 亿元人民币。第九届创交会共有 800 多家企业（机构）、2000 余个项目线下参展，线下参展面积达 30000 平方米，是创交会史上参展数量最多、展区面积最大的一届。启动仪式上，共 10 个成果转化项目进行合作签约，总金额达 10.18 亿元。第九届创交会共促成交易金额 20.44 亿元，同比增长 135.8%。

2022 年创交会上，广州多家企业展示了创新成果。广州软件院及孵化企业共展出 23 项代表性创新成果，包括智慧城市综合管理平台、智慧灯杆云平台、疫情防控指挥系统等。智慧灯杆云平台是一个以智慧灯杆为载体，为多源异构设备提供统一展示、管理、联动服务的信息化系统，是国内首创的多功能灯杆 SaaS 服务平台。该平台通过采集设备的数据进行融合分析，实现特定场景下设备之间的智慧联动，如抓拍车辆违停事件，联动广播音箱、信息发布屏等设备进行警醒提示，提供智能感知民情、隐患预警、满足市民个性化服务的市政物联网设施基础服务。广州雷佳的多激光协同选区熔化金属增材制造技术项目在本次创交会上也荣获"最具投资价值成果"。该技术属于从华南理工大学杨永强教授团队发展而来的广州雷佳核心团队，是中国最早开展激光选区熔化（SLM）技术研究的团队之一，也是中国最早成功研制出 SLM 快速成型设备的团队。这项技术实现了高精度复杂结构零件的快速制造。

2023 年创交会在继承以往创交会成功经验和风格的基础上，将更加突出专业化、市场化、国际化和科普化，通过科学家、企业家、创投家"三家"汇聚，推动创新链、产业链、资金链、人才链"四链"融合，促进科技成果转移转化。主论坛聚焦粤港澳深度合作、优化要素配置等热点话题；分论坛聚焦新兴产业发展、"一带一路"高质量发展、国际科学合作等重要领域。

2023 年创交会在创新成果展示方面，设立新一代高端装备电子信息展区、智能与新能源汽车展区、生物医药与体育健康展区等 10 个战略性重点产业展区，科普产业展区、高层次人才展区、乡村振兴和"百县千镇万村高质量发展工程"展区等 3 个重要功能区，综合运用声光电技术和交互体验，多角度全方位展出最新技术和最新产品。在市场化方面，以成果转化为导向，2023 年创交会成果转化基地扩展至 96 家，形成了立足广州、覆盖湾区、面向全国的基地布局，依托成果转化基地，常态化开展需求征集、项目对接、推介路演等活动；同时，强化金融支撑，着眼打通科技金融服务"最后一公里"。创交会与大湾区科技创新产业投资基金、广东恒信基金、广东粤科母基金、广州产投等机构签订战略合作框架协议，设立"创交会成果转化战略合作基金"，促进资金与项目对接、资本与实业对接、科技与产业对接，构建"科技—产业—金融"高水平循环。2023 年，创交会举办了 91 场成果转化活动，促成项目转化落地金额超 70 亿元，年度落地金额不少于 150 亿元。在国际化方面，2023 年创交会着力提升国际化水平，促进国际科技人文交流，吸引了伦敦大学学院 P4 精准医学加速器、未来实验室（巴黎）公司等数十家海外知名机构参展。2023 年创交会特别设置"一带一路"和粤港澳大湾区创新成果展区、顶尖科学家湾区论坛、"一带一路"国际技术交易与合作论坛、欧中院士科技创新助推高质量发展论坛等内容。2023 年创交会还发起合作伙伴计划，密切与海内外相关机构合作，拓展创交会的"朋友圈"和全球资源网络，首批伙伴包括英国全球技术创新伙伴联盟、欧洲华创会及戈壁大湾区等机构。

2023 年创交会把"科普化"作为办会目标之一，着力推动科技资源科普化及科普产业发展，着力挖掘科技展会科普价值，促进公民科学素质提升。主要措施包括：首次在线下设立科普产业展区，40 家企业携 57 个精选科普项目参展，涵盖新能源、新材料、数字信息技术、电子设备、环保等行业领域的科普产品与技术。作为广州科技传播联盟成员单位，凡拓数字、广美电子、铭培科技等参展的科技企业利用展区，为大众解码科技应用场景。展会同时面向公众开放，为群众提供丰富的科普活动。

第四章

趋势篇

第一节 全球科技传播的特征与趋势

一、全球科技传播的特征

（一）系统化和产业化

全球化、网络化、信息化的传播生态深刻地影响着当下人们的生活方式、思维方式与交流方式，二者之间呈现着一种深度的互动、互塑的关系。

随着 20 世纪全球科技的发展与传播生态的变化，科技传播已经不仅仅是科学思想的传递，而是不同领域系统化的科学知识、科学方法的交流与反馈，并且在科技与文化、科技与艺术、科学普及与人文精神的融合等方面形成了跨界融合的趋势。

英国广播公司（BBC）知名制作团队、美国流媒体巨头 Netflix（奈飞公司）及世界自然基金会三方合作，在 2019 年推出自然纪录片《我们的星球》（*Our Planet*）。这个跨国界、跨平台合作团队，历时 3000 多个拍摄日，40 万小时遥控摄影监控，6600 次无人机飞行，2000 小时潜水时间，

600 多名制作人员深入七大洲的各个自然保护区，应用最新的 4K 摄影技术，记录了地球上那些仅存的、独特的又无时无刻不受到人类威胁的自然奇观，向观众展示了地球生命的起源和演化历程，同时也探讨了人类对地球的影响。官方还出版了同名图书《我们的星球》。

（二）多元化和前沿性

全球科技传播已经从整体单一的科学知识的大众化传播转向了多元化和专业化的传播。科技传播者通过多元化的传播手段，通过细分内容领域，注重满足不同受众的偏好和需求，从而使得传播内容更广泛地触及更多不同圈层的受众。此外，科普内容也更加关注新兴科技和未来趋势，具有争议性的问题也越来越多，与以往相比，更加注重科技伦理问题以及对全球性问题的科学解读。

流媒体兴起后，全球机构运营的媒体和自媒体关键意见领袖（KOL）都利用流媒体进行科技传播。流媒体为科技传播提供了更加便捷和高效的方式，使得科学知识和自然现象的展示更加直观、形象和生动。

"阿尔忒弥斯计划"准备在 2024 年将宇航员送往月球，这次登月需要新的技术帮助宇航员在严酷的太空环境中生存，其中一项挑战就是如何更好地利用月球上的现有资源来增加宇航员的太空生存时间和生存概率。2022 年，NASA（美国航空航天局）一项名为 Big Idea Challenge 的创意挑战赛，邀请大学生团队参与到探索和解决如何利用月球当地资源的项目中来。挑战赛的内容是让大学生团队在月球上设计一条金属生产线，就地取材，并设计出探索、开采、提炼金属的工具，实现从月球矿物中获取金属。NASA 为参与挑战的团队提供开发资金奖励和向公众展示研究成果的平台。从科技方面来说，这项挑战赛的内容让学生团队与成熟的科技人员同时去解决一个没有预知标准答案的问题；从文化的角度来看，挑战赛把学习科学知识与推动人类太空之旅的实践活动有机地结合在一起。

（三）互动性和社交性

现代科技传播更加注重公众和科学家等多元主体之间的平等、双向的互动交流。传播者不是单向的知识授受者，他们同时也是受众反馈的倾听者与再反馈者，传播者通过倾听受众的反馈，获知他们的感受和需求，进而以更加贴近受众的方式进行科技传播。这种互动性还体现在科技工作者与科研机构、科技团体和教育机构的合作与联动上，多方共同推进科技传播的发展。

社交媒体，尤其是政府机构主导的社交媒体在欧美的科技传播中扮演着重要的角色。许多科学组织和机构通过使用 Facebook、Instagram 和 YouTube 等社交媒体平台与公众互动，分享科学知识和研究成果。譬如，在 YouTube 上，关于物理学的"网红"账号 PBS 是美国国家广播电视台运营的科普账号，由美国国会拨款运营；The Royal Institution 是英国皇家学会运营的科普账号。这些"官媒"KOL 账号会定期邀请重要的科学家为公众分享前沿科技。NASA 曾经在 Instagram 上发起了"NASAInSight"挑战活动，邀请用户上传自己拍摄的照片，并分享他们对太空探索的见解。这个活动吸引了大量的参与者，让更多人有机会接触和探索太空科学。

（四）职业化和专业化

随着科技传播体系的壮大及科技传播向着专业化方向发展，科技传播的职业化与专业化已经成为趋势。政府部门、教育机构、科技团体、大众传媒、企业和民间基金会等组织构成了一个庞大的科技传播行业，科技传播逐渐成为一种职业和一种专业。科技传播者因此也需要比以往具备更高的专业素质和更系统化的传播能力，包括科学素养、传播技能、创新意识和跨学科知识等。

中国空间站（CSS）于 2022 年 12 月 31 日全面建成。中国空间站包括天和核心舱、梦天实验舱、问天实验舱、载人飞船（即已经命名的"神舟"号飞船）和货运飞船（天舟飞船）五个模块组成。各飞行器既是独立的飞行器，具备独立的飞行能力，又可以与核心舱组合成多种形态的空间组合体，在核心舱统一调度下协同工作，完成空间站承担的各项任务。中科院空间应用工程与战略规划研究室副主任张伟曾表示：到 2024 年，中国空间站有望成为全世界唯一在轨运行的空间站。

2023 年 8 月，中国借助空间站工程，以天舟系列货运飞船为平台，成功实现了在空间站发射微纳卫星。"中国载人航天"网站上"天宫 TV"频道，以短视频的形式，即时地向全球的太空探索爱好者展示中国空间站的信息。

英国牛津大学在 1995 年创办了全球第一个"公众理解科学"学科，并设立了讲习教授一职。英国进化生物学家、《自私的基因》的作者理查德·道金斯（Richard Dawkins）就曾于 1995—2008 年期间在牛津大学担任公众理解科学教授。

Space. com 是一个关于太空探索、科技创新和天文发现的新闻网站，它提供大量与天文科技、太空探索、星球知识相关的文章、图片和视频，发起跟外星生命、宇宙起源相关的讨论话题。该网站最初由 CNN（美国有线电视新闻网）的一个主播创办，后来发展成为一个商业化的科技传播网站，其形式表现为一个垂直类的数字化线上科技馆。Sapce. com 与科幻电影、科幻游戏公司合作，同时贩售天文装备及科研用品。

（五）国际化和全球化

随着全球化进程的加速，国际科技传播合作与交流日益频繁。各国科技传播机构积极开展国际合作，共享资源，推动科技传播的国际化发展。国际合作不仅有助于提升科技传播工作的质量和效果，还可以促进各国间的科技交流与人文对话，增进相互理解和友谊。

国际空间站（ISS）是一个由多个国家共同建造和维护的太空站，它为科学家提供了进行空间科学实验和研究的机会。为了增进公众对空间科学和技术的了解，国际空间站的合作者积极开展科学技术交流活动，其中包括组织国际性的科普活动和研讨会，分享空间科学知识和研究成果。此外，国际空间站的合作伙伴们还通过社交媒体平台和网站等渠道，定期发布关于太空科学和技术的信息，以及宇航员在太空站上的生活和工作情况。这些信息不仅吸引了大量公众的关注，还促进了不同国家和地区之间的科技传播交流与合作。通过国际交流，国际空间站的科技传播效果得到了增强，不仅提高了公众的科学素质，还促进了科学技术的国际合作和发展。

YouTube 上还有不同类型和不同学科的科普频道，其中 Veritasium 的创办人德里克·穆勒（Derek Muller）是一个物理教育研究博士，Veritasium 在 YouTube 拥有超过 500 万的粉丝，视频总播放量超过 5 亿。Veritasium 在 2018 年发布的《世界上辐射最强的地方》曾被《人民日报》网站引用。Veritasium 还在哔哩哔哩（B 站）上创建了同名的中文账号，名为"Veritasium 真理元素"。

全球科技传播正在向着系统化、多元化、专业化、全球化、合作交流与争议并存的方向发展。这些趋势促进科技创新和文化交流，推动全球社会的进步和发展。

二、全球科技传播的趋势

（一）全球视觉与媒体社交化

《全球传播生态发展报告（2022）》显示，截至 2022 年 1 月，全球有 46.2 亿社交媒体用户，相当于世界总人口的 58.4%，全球社交媒体用户在此前一年中增长了 10% 以上。

社会视觉的转化，使得主动的新闻消费成为习惯。信息通信技术的发展，在很大程度上塑造了不同时代特定的新闻消费与信息获取的习惯。

研究者将信息化通信出现之前出生的群体其所处环境描述为信息静默的环境。英文单词 trivial（琐碎的，不重要的）来自两个拉丁文词根，一是 tri，意为三；二是 via，意为路，这两个词根合起来表示三岔路口，古罗马时期的人是在三岔路口交流"八卦"信息的。在路口或村口会遇到的人具有不确定性，信息的类型和事件信息的延续性也具有不确定性。对于这些处于信息静默环境的人来说，既没有固定的信息接收途径，也没有固定的信息发布渠道。

伴随着收音机和电视机的出现，人们有了"新闻"的概念，但是这个时期的"信息"传递是单向的，新闻接收者，受到内容制作者和发布者的"限制"与"引导"，只能单向接收被选定的内容与信息。

20 世纪 80 年代后，伴随着计算机的出现，有了一定程度的网络化社会生活，受众可以通过互联网"自主"选择新闻和信息，但那时候的社交互动型传播形态尚未成形。

随着通信技术的发展和手机触屏终端的出现，内容的获取变成了"随时随地"，对新闻的评价和信息的交流，本身也变成了内容的一部分，例如影视作品和直播间的弹幕、社交媒体的评论，本身也已经成为信息内容的一个重要组成部分。个性化的新闻消费偏好和强烈的社交动机要求媒体内容具备高度的互动性和趣味性，媒介必须在文字组成的传统深度报道、可视化数据、长短视频、互动 H5 等不同叙事手段和与之相应的叙事风格之间自如切换才能满足当代的内容需求。同时，信息的接收者并不满足于全被动的信息输入，他们同时积极地参与信息输出，并且根据不同的圈层组建起虚拟社群，此时的信息接收者既是内容的消费者，也是内容的生产者，而此时的信息发布者也变成既是内容的生产者，又是信息的接收者和再反馈者。

社交媒体与全球视觉的特征，深刻地影响着全球科技传播的基础架构与根本理念，在媒介的平台化和平台化的媒介两种趋势不断加深能量交换的背景下，传统媒体与新媒体，公益性媒体与商业化媒体之间的合作与嫁接将持续凝聚内容优势与平台引流的正向合力。

（二）智能传播与数字适老化

《虚拟数字人深度产业报告》预测，2030 年，中国虚拟数字人整体市场规模将达到 2700 亿元，身份型虚拟数字人规模约 1750 亿元，服务型虚拟数字人总规模超过 950 亿元。

中国主流媒体在创建虚拟数字分身领域迈出新的一步：中央广播电视总台新闻 AI 手语主播是第一个为冬奥会而生的数字人。2023 年 9 月 16 日在广州举行的全国科普日活动上使用的数字主播，它与真人主播的相似度达到 97%。第一视觉的触感技术，让科学知识在媒介、技术、体感的交互作用中得以更好地传递。

2022 年 1 月，新华社客户端上线了 V9.0 版本，该版本在 AI + VR 技术的支持下，用户可以依据个人的喜好选择使用不同的数字分身，生成个人专属的 3D 头像，以面部捕捉、动作捕捉的方式实现人体与数字分身的连接。北京冬奥会期间，数字分身还可以在新华社客户端自由走进冬奥比赛场景，参与体验部分冰雪项目，以第一视觉沉浸式感受并实时录制第一视觉的画面片段。

智能传播带来的数字人文景观，将进一步助力人类的数字化生存。与此同时，区域发展不平衡导致当下依然存在的"数智盲"及数字技术"适老化"问题也进入中国乃至全球科技传播的议程。一方面，截至 2021 年，中国"Z 世代"群体活跃用户规模达到 2.75 亿，约占中国全球移动网民的 22%。"Z 世代"不仅越来越多主导科技传播内容的创作与传播，他们的信息获取行为模式与信息消费习惯，也深刻地影响着科技传播的内容输出、推广策略，影响着科普产业化进程中的产品研发与营销研判。另一方面，数字适老化及信息无障碍联盟于 2022 年 5 月发布的《数字技术适老化发展报告（2022）》中提到，因应国家推进数字技术适老化战略需求，中国的数字社会建设对数字适老嵌入社会的整体架构有所侧重，不断在政策引领上完善适老惠民顶层设计规划，在通信提质上助力保障老年群体信息供给，在应用优化上加快互联网适老化改造，在终端创新上丰富智慧养老终端产品种类，在评测闭环上构建常态化监督机制与体系，在培训辅导上教会老年群体使用数字产品。

《广州市全民科学素质行动规划纲要实施方案（2022—2025 年)》在实施老年人科学素质提升行动的规划一栏，针对科技传播的"适老"提出要求：一是要聚焦老年人运用智能技术、融入智慧社会的需求和困难，依托老年大学（学校、学习点）、养老服务机构等，普及智能技术知识和技能，提升老年人信息获取、识别和使用能力，有效预防和应对网络谣言、电信诈骗。二是要加强老年人健康科普服务。依托健康教育系统，推动老年人健康科普进社区、进乡村、进机构、进家庭，开展健康大讲堂、老年人健康宣传周等活动，利用广播、电视、报刊、网络等各类媒体，普及合理膳食、食品安全、心理健康、体育锻炼、合理用药、应急处置等知识，提高老年人健康素养。充分利用社区老年人日间照料中心、科普园地、党建园地等阵地为老年人提供健康科普服务。

（三）泛在互联与选择同质化

根据中国互联网络信息中心发布的第 52 次《中国互联网络发展状况统计报告》，截至 2023 年 6 月，中国网民规模达 10.79 亿人，较 2022 年 12 月增长 1109 万人，互联网普及率达 76.4%。在网络基础资源方面，截至 2023 年 6 月，中国域名总数为 3024 万个；IPv6 地址数量为 68055 块/32，IPv6 活跃用户数达 7.67 亿；互联网宽带接入端口数量达 11.1 亿个；光缆线路总长度达 6196 万公里。在移动网络发展方面，截至 2023 年 6 月，中国移动电话基站总数达 1129 万个，其中累计建成开通 5G 基站 293.7 万个，占移动基站总数的 26%；移动互联网累计流量达 1423 亿 GB，同比增长 14.6%；移动互联网应用蓬勃发展，国内市场上监测到的活跃 App 数量达 260 万款，进一步覆盖网民日常学习、工作、生活等多方面。在物联网发展方面，截至 2023 年 6 月，三家基础电信企业发展蜂窝物联网终端用户 21.23 亿户，较 2022 年 12 月净增 2.79 亿户，占移动网终端连接数的比重为 55.4%。在各类互联网应用中，即时通信、网络视频、短视频的用户规模仍稳居前三。

截至 2023 年 6 月，即时通信、网络视频、短视频用户规模分别达 10.47 亿人、10.44 亿人和 10.26 亿人，用户使用率分别为 97.1%、96.8% 和 95.2%。万物泛在互联的基础已经形成。

中国卫星互联网 2020—2030 年建设愿景如表 4 - 1 所示。

表 4 - 1 中国卫星互联网 2020—2030 年建设愿景

时间节点	目标定位	目标内容
2020—2025 年	天星地网	通过卫星，补充、增强地面网络能力
2025 年	天网地网	天基网络初步形成能力，并与地面网络互联互通
2030 年	天地融和	形成天地一体化的全球信息基础设施

（数据来源：东吴证券. 卫星互联网行业深度报告：政策助推、产业驱动，我国卫星互联网步入发展快车道［R/OL］. https://www.vzkoo.com/document/202205260b9155 569bb1a558733eae21.html?keyword. ）

　　"泛在互联＋推荐算法"令信息茧房问题成为关注的热点。《人民日报》在 2023 年对信息茧房现象多次发表评论。信息茧房是由三个因素造成的，一是主观选择同质化，这在传播学上被称为选择性接触偏好。比方说，患有糖尿病的人，可能分成"凡涉及糖尿病的内容都要打开看看"，或者"凡涉及糖尿病的内容都不想看到"这两类。二是被动摄入内容同质化。这分两个方面，一方面随着主观选择同质化，平台推荐的内容趋同，比方说新浪微博热搜界面，在没有点开全部排列界面之前，用户所看到的话题是新浪根据该用户的过往行为，从热点新闻中精选的内容，而非按照热点新闻的点击量来决定的客观排列顺序。另一方面，对于一些特定的内容，内容制作者制作出来的内容本身是趋同的，而内容同质化导致用户信息窄化。三是群体同质化，如前文所述，社交属性的突起，使得互联网上自发集结的各种集群成员间，自发地拥有了同质化属性。当观点相近的人聚合在一个虚拟的社群（如微博某个主题的超话或豆瓣的某个小组）时，主动成为这一微博超话或豆瓣小组的参与者，分享着同质化的信息内容，并进一步形成同质化的观点。简言之，人们会主动搜寻与自己意见一致的信息并忽视甚至刻意规避相反的信息，人们倾向于接触支持性信息，并有冲动性分享。

　　信息茧房的消解已上升至信息治理的高度。2021 年，国家网信办、工信部等四部委联合发布《互联网信息服务算法推荐管理规定》，明确了算法推荐的红线，提高了用户的自主选择程度。而随着公民科学素养的提高，以及科技传播的助力与宏观政策法度并进，更加完善的治理体系即将形成。

第二节　广州科技传播的机遇与挑战

一、广州科技传播的六种思维

广州科技传播的六种思维：科学思维、全球思维、区域思维、数字思维、创新思维、商业思维。

1. 科学思维：让科普更科学

科技传播是以科学精神为指导，以科学方法为手段，以科学知识为载体的信息传递活动，其目的是在全社会范围内促成科学思想的交流，形成创新、自信的科学氛围。科学思维指以科学的精神，凭借科学的手段做科学的事。2023 年 2 月，广州青少年科技馆"众心向党　自立自强——党领导下的科学家"专题展开幕；广州"院士专家校园行"讲座活动中，"蛟龙"号首位大洋深潜女科学家唐立梅作题为"从深海到南极"的专题讲座；5月，广州"院士专家校园行"讲座活动中，中国科学院广州地球化学研究所研究员、广东省科学技术协会副主席徐义刚作专题讲座"热爱科学 做对社会有用的人"，弘扬科学精神，用科学的方法讲科学和科学家的故事；9月，广州市"全国科普日"上发出"百名院士·百场科普"倡议书，广州市科协向广州地区所有院士发出倡议，以每年线上线下百名以上院士参与百场以上科普活动为目标，倡议在穗院士发挥示范引领效应，勇担时代使命，发挥科学权威效应，聚焦公众需求，发挥精神激励效应，助力人才培养，发挥战略研究作用，展示智库成果。

2. 全球思维：让视野更开阔

科技传播的全球思维包括两个层面，一是从地理位置和传播定位而言，广州作为国际创新枢纽，地处大湾区的核心位置，承担起促进区域创新发展与国际交流合作的重任。无论在目标设定，还是策划执行方面，都要具备国际化的视野。二是从当今全球科技传播的生态来说，科技传播是文明传播的一部分，讲好中国科技故事也是讲好中国故事的一部分。

党的二十大报告提出，加强国际传播能力建设，全面提升国际传播效能。以全球化的思维讲好"中国科技"和"中国故事"，在共享中凝聚价值共识，在对话中促进全球文明的共同发展，在共建中拓展文明交往的实践之路。

3. 区域思维：让特色更突出

科技传播的区域思维，是指充分利用地域优势，结合区域文化特色与科技资源优势。譬如在科技传播与岭南优秀传统文化的融合方面，广州博物馆以馆藏的广州起义的真实史料与口述史为蓝本，创作了《决战观音山》的剧本杀。以明代镇海楼为媒介，创建了"营建·镇海楼"主题研学课程，将古建筑测量运算知识、科技史与爱国主义教育相结合，创造了优质的科普文化产品。基于清代"广州珠江北岸风情图"木雕封檐板制作的 H5 游戏"云游广州府"，让玩家能够在游戏中领略清代广州城市风俗。

2022 年"科普广州"抖音号发布的一条爆款科普视频"龙眼和荔枝杂交的'脆蜜'算什么水果"，吸引了 1070.8 万人次观看，点赞数突破 14.3 万，评论数达 1.6 万，转发数超 2.7 万。

2023 年"羊城工匠杯"劳动技能竞赛的参赛者之一是来自香港地区的一名电商主播，他曾经在暨南大学深造，学习期间深入地了解到大湾区的文化特色与资源优势，毕业之后回到香港，希望利用香港的地域和商业优势，把粤港澳大湾区乃至全中国的优质货品推向海外。

4. 数字思维：让体验更前沿

科技传播的数字思维是面向新时期技术发展与传播动态的思维方式。广州六大知名科普品牌之一——"广州科普自由行"始于 2014 年，是一个线上线下结合的科普活动，该活动开展 720 度全景 VR 线上游，通过 VR 虚拟现实技术，对科普资源单位进行高清全景式的拍摄制作，实现对景区、展馆等场景的漫游、展示、解说、互动，打造 VR 全景展厅，并通过网络媒介进行传播，赋予更多的社会成员接触科技创新内容的便利和利用科技创新成果的机会，让广州地区的科技传播实现了"无墙的科技馆"与"无界的科普"。

"粤科普"公共服务平台整合区域内各类型的科普资源、科普人才、科普要素，构建起不同板块和区域间的资源链接，运用大数据、人工智能等新技术，打造有引导力、公信力、传播力和影响力的科普公共服务平台，推动广东省科普事业数字化、智能化、普惠化。"粤科普"在科普数字化方面走在全国前列。

5. 创新思维：让体系更完备

科技传播的创新思维是指探索新方法、寻找新途径、创造新的科学普及活动的模式。

广州在黄埔区首创了全国首个"10 分钟科普活力圈"。科普活动圈的创新体现在两个方面：从区域科普资源布局来看，黄埔区内每平方公里有 6 个科普点，居民出门步行 10 分钟就能到达最近的科普点，将广州地区的科技院所、国家及省级实验室、科普基地等科普场所用科学的方式进行合理规划，最大化利用了域内的科普资源；从科普人员配置来看，黄埔区每条街道都设立了少年科学院分院，每个分院的名誉院长都由院士担任，充分利用了广州地区丰富的院士资源。

6. 商业思维：让服务更到位

科技传播的商业思维是指要将公益性的科普事业与商业性的科普产业结合起来，取得社会效益的同时，也要取得经济效益，实现科技传播的可持续发展。

2023 年 7 月，广东粤科普集团成立。广东粤科普集团主要涵盖六大主要业务，分别是"粤科普"公共服务平台建设与运营，科技场馆的设计与运营，科普活动组织与开展，科普内容资源策划与出版，科普产品的研发、制造与销售，"430"课后服务与研学。粤科普集团着力打造科普公共服务平台高地、科普成果转化高地、科普人才聚集高地、科普产业发展高地、科普场馆运营高地，推动公益性科普事业与市场化科普产业协同发展。

二、科技传播讲好新时代中国故事

广州是中国重要的中心城市、国际创新枢纽。广州科技传播，对外，是"讲好中国故事"的一种重要形式，是展示科技文明的一扇窗口；对内，除了弘扬科学精神、普及科学知识的作用之外，还具有凝聚民族意识，提升文化自信的作用。

1. 培养青少年的创新意识和文化自信

广州科技传播注重对青少年创新意识和文化自信的培养。2023 年，广州青少年科技馆"东风浩荡风雷激"国防教育主题展以国防科技教育为主线，全面呈现中国海、陆、空、天等国防科技装备，围绕"国防科技，护国利器""钢铁洪流，守卫疆土""乘风破浪，迈向深蓝""战鹰展翅，对阵长空""多维一体，联合行动"五个板块依次展开，并融合模拟射击、模拟飞行等互动体验手段，对国防科技尖端成果进行一次集中展示，引导广大青少年充分认识国防科技的重要地位，助力增强全民国防教育，筑牢强国复兴支撑。

广州市科协和广州市教育局专门为广州市中小学生精心策划、量身打造的"院士专家校园行"项目，一方面有效地提高了青少年对人工智能、仿生科技、海洋科技等前沿科学领域的认知；另一方面激发了青少年探索"星辰大海"未知世界的理想与热情。尤其对于城郊地区的青少年来说，院士作为中国科技工作者的领头人，跟院士学习，向院士学习，直观地唤起了青少年对科学"偶像"的崇敬之情与追寻科学理想的热切之意。

2. 唤起产业工人"时代工匠"的职业崇高感

广州市总工会发布的数据显示，截至 2023 年 6 月，广州市技能人才总量达 373.64 万人，高技能人才 131.89 万人，高技能人才占比 35.3%，位居全国前列。2022 年，广州市推动广州地区企业组织形式多样的职工培训活动，全年培训超 30 万人次；通过培训、竞赛来提升技能，形成交流，促进创新科技成果项目落地转化，提升产业工人科学素质，同时唤起产业工人"时代工匠"的职业崇高感。

2023 年 10 月，广州市举行"羊城工匠杯"劳动技能竞赛，来自粤港澳大湾区 11 个地区和城市的 116 名选手进入总决赛，在粤菜厨艺、人工智能应用、时尚造型设计、电商直播 4 个项目中一决高下。大赛第一名获得者若属广东省选手，将按程序推荐授予广东省五一劳动奖章。三年来，这一竞赛激发了各行业职业工人投身大湾区建设的热情。2023 年参赛选手中，作为电商主播的香港选手在镜头前娴熟地推荐新疆的奶香核桃，利用香港的资源优势，把中国的优质货品推向世界。从外卖员、网约车司机到电商主播、直播间选品师，随着网络平台经济、共享经济的发展，大量新的就业方式应运而生，新就业形态从业人员越来越多。新岗位比传统岗位更加需要技能交流与经验总结。2022 年举办的"羊城工匠杯"广州市网约配送行业技能竞赛是全国首个省级网约配送员职业技能大赛，一举夺得金奖的选手每天能送出 50～60 单外卖，而其所用的时间不到 8 个小时，该金奖选手在获奖后通过公众平台分享他的配送要领，帮助更多的骑手探索"工匠"之路。

职业技能比赛不仅比拼能力，还促进同业交流，参与者与同业者能从准备比赛、参与比赛和观看比赛的过程中，收获更多与职业相关的科学知识，唤起作为"时代工匠"的职业崇高感。

3. 帮助更多人群融入数智化社会

向农民讲好科技故事，不仅是助农，更是对建设社会主义新农村的有益帮助，同时也是对于社会主义新农村的真实还原，是对外宣传的窗口。用科技传播讲社会主义新农村的故事，动员社会，凝聚共识，这些科技传播的作品，不仅展现了新农村的生产力发展，帮助科技助农，承担着政策传播、政策解读、科技知识普及等重要传播任务，同时也从政治角度和文化角度出发，塑造乡村形象，在全社会范围内发挥凝聚"乡村振兴"社会共识的作用。

科技传播对广大农村地区的助益集中体现在三个方面：为农村地区的居民提供科技知识，帮助该地区居民理解科学精神，并使他们能够用上最新的科技创新成果。数字化、智能化，常被形容为"第四次工业革命"，适时地向农村居民传递科技进步的成果，帮助他们掌握更多的科技知识，把握住科技进步给乡村带来的产业升级的机遇，以此平衡不同区域的居民的科学素质水平。

科技传播改变了农村的空间与交流的方式，也帮助广大农村地区更好地融入数智化社会，并与社会其他部分形成较为统一的科技价值观、文化价值观、经济价值观。教育部"互联网传播形态与中西部社会治理"项目中有一个阶段性成果，观察者注意到，过往农村的社区关系是以宗族和血缘为纽带、以村广场为聚集点来交流信息、促进感情。现在公共空间迁移到线上了，线上的"共同在场"比村头"共同在场"的时空范围更宽广，因频繁"接入"而产生的社会关系也更紧密了，"村民们通过智能化建立起的线上社区给予了成员们更多平等交流的机会，提升了村民参与社区事务的意识和积极性"。

广州市针对农民，树立相信科学、和谐理性的思想观念，加强农村科普体系建设，开展高素质农民和农村实用人才培训，实施乡村振兴科技支撑行动。广州市科协在番禺区首创了"乡村科普大喇叭"，该项目是广州首个以应急广播系统为载体的科普知识传播平台。至2023年7月，该平台已覆盖175个行政村，开创了乡村科普的新模式，进一步打通农村科普的"最后一公里"。番禺区"乡村科普大喇叭"每日定时播放科普节目，每次播放10~15分钟，节目内容均来源于"科普中国"的官方认证，具体涵盖了航空航天、前沿科技、生活百科、食品安全、法律知识普及、医疗健康等领域的相关知识，节目通俗易懂、生动有趣，符合广大居民群众的收听习惯。"乡村科普大喇叭"的开播，实现了科学普及强势覆盖，让创新理论、国家新政以及农业科学技术更加快捷地"触及"农村地区居民，切实满足广大农村居民的生产生活和精神文化需求，在潜移默化中提升农民科学素养，改变农民精神面貌，以科普助力乡村振兴。

2022 年广州南方学院的科技工作者深入广州从化地区村镇，与村民组建起"一对一"的科普宣传团队，帮助村民在电商平台上建立起带有高辨识度的区域荔枝品牌，从而提升了当地荔枝的销量，同时也强化了当地村民对于"科技知识"的正向认知，并形成对周边的传播辐射。事实上，由于乡村的具体情况迥异，以提升农民素质为目标的科技传播，在不平衡地区与不同的人群中，应当注意采用不同的方式，将信息传播与目标人群的具体生活实践有机结合起来，在掌握信息基础上帮助其理解科技、运用科技，在科技促进乡村社会变迁的过程中增强其理解运用科技的自觉性和主动性。

三、从信息传递到价值传播

注重科技传播的导向性，加强科技传播内容生产能力与审查机制供给侧改革是当前强化科技传播效能的重要议题。科技传播要进行供给侧改革，提高科技传播内容的传播率、到达率、转化率，防止谣言的生成，缩小谣言的扩散范围，应着眼于正向的内容建设。

1. 警惕科技传播内容"电子榨菜"化

2022 年有一个中文网络热词"电子榨菜"，形容那些被用以"佐餐"的音频、视频作品。这些"电子榨菜"往往具有两个特征：一是便捷性，即随时随处、容易获得，随看随停、通俗短小，"爽点""爆点"密集，不需要深入思考。二是纵容情绪释放，即"电子榨菜"往往没有丰富的内涵，也不存在复杂的信息，它的"流量密码"来自较短的时间里放大受众的情感和助推情绪宣泄。

科技传播存在的意义在于增加公众的科学素养，提升创造思维的能力，推动创新发展的效力，其本质与"电子榨菜"是相反的。一些"电子榨菜"式的科普内容在获得流量的同时，对于科学普及根本目标的实现存在不良影响。而又因为前者更容易获得传播的声量，从而影响到科学舆论阵地的健康发展，阻碍公众形成应有的正确认识。非理性的情绪蓄积和情绪宣泄还有可能造成群体极化现象的产生，并导致传播舆情的发生。

在科技传播内容的制作上，要引入更多的科技工作者，充分发挥各领域科技工作者的专业知识，同时将科技传播内容的价值导向性纳入内容生产能力培养体系和监管审查机制之中。一方面，在进行科技传播的时候，要有意识地融入正确的导向信息，如科技自信和科技创新能力，以塑造积极的科学文化观；另一方面，要加强对科技传播内容导向性监管的力度和敏锐度，尤其要加强对互联网中不合规的科技传播内容的监督和管理。

2. 合理挖掘数字技术的潜力

与传统的纸质阅读相比，数字化阅读特有的传播特征正在潜移默化地改变我们的生活，影响我们的阅读能力。泛义的数字化阅读，不仅谈论的是阅读所使用的工具，更多的是信息呈现的方式，例如图片、视频甚至游戏。

数字化阅读的时间通常较传统的纸质阅读时间更长、内容娱乐性也更高，与此同时，阅读行为的表面化也更为严重，快速浏览对于数字化阅读的效果产生重要的影响。

阅读是信息获取的重要途径，是指个体依靠大脑中的原有知识，从所读内容中建构意义的过程，包括接受信息、消化吸收、深度加工、理解意义等一系列过程。国外学者将阅读的文本表征分成表层表征、文本基础表征和情境模型，对应表层理解、语义理解和推论理解三种阅读能力，并指出成功的阅读理解的核心在于形成一个完善的情境模型。

通过不同媒介阅读之所以会产生知识获得感上的差异，在某些层面上是由于新媒体的使用而产生"知识幻觉"。知识幻觉又称知识错觉，指的是因为对某个事物足够熟悉而产生的以为自己已经完全了解该事物的错觉。譬如在视频类 App 上学习做菜，博主发布的内容时长常常不到 1 分钟，观者看完以后往往会觉得非常简单，但实际操作的时候，会发现并没有理解到完整的"情境"，还需要再次观看，甚至查阅其他的资料，才能完成操作。又譬如对于"成年人记忆力下降"，有心理学相关研究指出，所谓成年人记忆力下降的一个理解误区是成年人的理解能力较青少年更强，阅读了相关内容后便理解了，但是因为缺乏"复习"这个环节，所以很快又遗忘了。而青少年在学校学习知识，无论是否理解，都要面临作业、期中考试、期末考试、升学考试，这些阶段性的行为，要求青少年对于已经"阅读"过的内容进行反复练习，而周期性的复习强化了记忆。

2022 年 3 月，由中国科学技术协会参与指导的国内首档前沿科学思想秀《未来中国》首播，该节目入选国家广播电视总局 2022 年重点节目之"创新向未来"系列。每期节目设有一个特定的科学领域的主题，邀请一位该领域的顶级科学专家及几位来自不同高校的青年，并由后者发表主题演讲。科学家以知识领域的宽度、知识讲解的准确性及创新性思维的高度为标准，选出优胜者，最后还会分享一些该领域最前沿的研究成果。

长期以来，对于科技传播的媒介，常常有人质疑传统媒体已经式微，而新媒体是传播的主力。《未来中国》电视节目由于其"趣味 + 硬核"的特点，开播次日微博话题"未来中国"阅读量即超 4000 万，节目每期平均忠实度 55.522%，各期均有三成观众看完整期节目。在趣味性方面，其中一期节目以"恋爱脑是怎么产生的"为切口，讲述脑科技发展；在"硬核"方面，节目曾邀请国家天文台 FAST 首席科学家讲述中国天眼，这一期节目的收视率也达到了 1.075%，在同时段地方卫视节目收视率中位列第三。

科技传播应当通过恰当的传播内容和手段来提升公众的科学素养。科技传播要合理地利用新媒体文本和新媒介形式，提升科技传播内容的趣味性，改善受众的科普体验，但同时也要避免受众因过度依赖新媒介而产生不实的获得感，即数字化媒介带来的知识错觉。

四、关注谣言治理与科技伦理

1. 从信息治理高度处理谣言

《广州市全民科学素质行动规划纲要实施方案（2022—2025 年）》中提到：围绕有效应对新科技、新应用带来的科技伦理、科技安全、科学谣言等挑战，开展科学素质建设理论与实践研究。中国科协发布的《2023年度科普中国选题指南》6 个层面的题材之一就是"澄清科学谣言"。

与科技传播相比，科技类谣言不需要严谨的文本和科学的逻辑，从形式上看，简单易懂，直指人心，具有冲击力。同时，由于"逐利"的目标性，对目标群体的需求和关注点往往具有较强针对性。传播学的学者在2018 年根据腾讯大数据平台谣言文本分析得出结论，在谣言话题中，科技类话题位列第一，占比高达 47%，远超社会时政类话题（27%）、明星八卦话题（15%）。其中又以食品健康、疾病防治等领域为重中之重，因为这类谣言往往无法靠常识去识破，而且谣言的受众常常抱有"宁可信其有"的心态。

微信安全团队早在 2016 年发布的《微信年度谣言分析报告》中就指出，谣言作者更加倾向于在文章中使用大量图片，以此来增强"形式上"的吸引力，并诱导读者产生"眼见为实"的错觉。在微信平台流行的谣言中，文章往往包含大量的图片，每篇谣言平均搭配 3.56 张图片。

对于"谣言"，受众只有三种态度，一是选择了"相信"，被骗，并有可能进一步参与传播谣言；二是选择"不信"，则不存在"受骗"，也不会加入扩散谣言的队伍；三是"半信半疑"，只有在这种情况下，受众才会去相关平台"求证"。这正是破解谣言与其他科技传播的不同之处。后者是内容、形式有吸引力，就能"破圈"，提高传播效能；前者，唯有上升到信息治理与防诈的高度，才能被普遍重视与关注。中国科协的"辟谣平台"，人民网"求真"栏目，腾讯平台"较真"，果壳网的"谣言粉碎机"，都旨在切实提高辟谣信息传播力、引导力、影响力，让谣言止于智者，让科学跑赢谣言。

从接受者的角度来看，谣言还常常伴随着情绪的宣泄。社交属性的突起，使得互联网上自发集结的各种集群成员间，自发地拥有同质化属性。当观点相近的人聚合在一个虚拟的社群（如微博某个主题的超话或豆瓣的某个小组）时，主动成为这一超话的参与者，分享着同质化的信息内容，并进一步形成同质化的观点。社会心理学上称之为"群体极化"（group polarization）。简单来说就是，讨论通常可以强化群体成员的平均倾向。互联网社交平台就是这样一个机制：使相同目的的人集结起来，令分散的"喜爱"或"敌意"更加明确。社会心理学家做过很多试验，譬如他们让一群大学生集体讨论了一宗大型交通事故案例，参与讨论的人对"有罪"有了更明确的裁定和判断。人们常常会有"一致同意错觉"，譬如众所周知的"珍珠港事件""水门事件""泰坦尼克号事件"，在事件发生之前，都曾有专业知识丰富的反对者提出过十分关键的意见，但是有很强倾向性的群体思维把这些重要的意见都"压制"和"排除"了。当群体极化现象出现后，"辟谣"的文本越复杂，细节越多，观点越分散，陈述越冗长，就越难被接受。分散的事实论据力量不足，很容易就会被"压制"和"排除"。

新时期的科技传播，由于传播主体和受众之间是多元双向互动的关系，受众也可以作为内容的再生产者加入传播过程。如前文所述，出于对利益的追求或对"认同感"的追寻，后者在有意和无意两种状态下都会传播和放大误导性信息，为谣言"补充"新的不实细节，并不断自发地寻找同质化的内容与同质化的意见持有者，在这一过程中，认知偏差不断被放大，形成恶性的传播生态，干扰正常的信息传递，增加网络舆情风险，这种情况常常被形容为"造谣一张嘴，辟谣跑断腿"。这种生产与传播模式增加了对科技传播内容把关与审核的难度，为科技传播中的谣言治理带来巨大的挑战。

2. 从科技伦理角度规范人工智能

2023年10月，科技部会同教育部、工业和信息化部、国家卫生健康委等十部门联合印发《科技伦理审查办法（试行）》。

《科技伦理审查办法（试行）》要求，利用人类生物样本、个人信息数据等的科技活动需进行科技伦理审查；从事生命科学、医学、人工智能等科技活动的单位，研究内容涉及科技伦理敏感领域的，应设立科技伦理（审查）委员会。《科技伦理审查办法（试行）》要求制定"需要开展伦理审查复核的科技活动清单"，并给出了清单明细：具有舆论社会动员能力和社会意识引导能力的算法模型、应用程序及系统的研发，面向存在安全、人身健康风险等场景的具有高度自主能力的自动化决策系统的研发等。

目前，广东、四川、云南、黑龙江、辽宁、湖南等多地建立了科技伦理审查备案中心或制定了科技伦理治理的相关政策。在企业层面，国内阿里巴巴、商汤等企业已设立相关的科技伦理委员会，防范伦理风险，推动科技企业自省与自律。

2023年9月，世界公众科学素质促进大会在北京举行，大会由中国科协、中国科学院、北京市人民政府共同主办，得到联合国教科文组织（UNESCO）、国际科学理事会（ISC）、世界工程组织联合会（WFEO）、发展中国家科学院（TWAS）的支持。来自 13 个国际组织、28 个国家的科技组织和机构约 700 名中外代表相聚北京。在大会专题论坛"促进公众理解人工智能"上，中国电子学会副理事长、世界工程组织联合会前任主席，中国新一代人工智能发展研究室执行院长，南开大学原教授龚克作题为"让生成式人工智能成为人类的好帮手"的主题演讲。

推动"可信任"的人工智能的发展，从科技伦理角度规范人工智能是全球共同的方向。2023 年 7 月，在美国政府的推动下，美国 7 家人工智能公司（亚马逊、微软、谷歌、Facebook 的母公司 Meta、ChatGPT 的开发者 OpenAI，以及 Anthropic 和 Inflection）共同承诺接受八项措施，进行自我监管，以体现未来人工智能的三大基本原则：安全、可靠、信任。这八项措施包括：音频和视频加水印，帮助用户识别哪些内容是由人工智能生成的；新的人工智能系统发布之前必须进行内部和外部测试以及时发现漏洞，清除有歧视倾向或有可能对美国公民权利、公民健康信息构成安全风险的内容；人工智能开发商要与政府、社会团体、学术机构之间共享安全信息等等。2023 年 10 月，美国政府发布行政令，规定人工智能生成的内容一律需要加上统一的标识，同时人工智能生成的艺术品，不受版权保护。

国际多媒体协会联盟主席哈威·费舍在《数字冲击波》中提道："我们正在参与一项在虚拟环境中创建真实社会文明的任务。"从这一角度而言，这种沉浸式的传播业态，模糊了真实与人造之间的概念，已经不仅仅是感官体验，而是涉及人类伦理架构与逻辑架构（见表 4 - 2）。

表4－2　在虚拟环境中创建真实社会文明的体现形式

形式	表现特征
大集成系统	集成了人工智能、扩展现实、超高清显示、全息显示等先进技术，极大拓展了人的感官和体验范围，特别是把人类智能和人工智能结合，突破人类思维边界。
大奇观美学	超越人类日常生活中获得的体验程度，包括微观和宏观领域，形成超级奇观效果，即极致化的高强度和宽领域体验。这种超强度表达的奇观美学，是一种难以替代的体验。
全体验情境	以包裹式手段，全方位地调动受众的视觉、听觉、触觉、平衡感官，从表层的感官体验、间接的情感体验，到深度的哲理体验，使受众忘我地进入预先设计的情境中。
多逻辑构架	以多种现代逻辑（包括符号思维、关联逻辑、多值思维、戏剧思维等）作为内在的框架，形成一个虽然奇幻却更真切，并且能够自主运行的全感官体验世界。

　　新一轮科技革命和产业变革加速演进，新兴技术的突破和应用给经济社会发展带来的影响日益深刻，伴随产生的伦理问题成为全世界面临的共同挑战。

第三节　广州科技传播的思路与对策

广州以"科技创新、科学普及是实现创新发展的两翼，要把科学普及放在与科技创新同等重要的位置"的精神为指导，以"打造世界重大科学发现和技术发明先行之地、国际科技赋能老城市新活力的典范之都、全球极具吸引力的高水平开放创新之城"为目标，积极发挥广州在粤港澳大湾区科技创新中的核心引领作用，以科技传播的手段，将优质的科普内容以专业、准确、易懂的方式传递给公众，以促进科学普及和提高公众科学素质，为高水平科技自立自强厚植科学素质根基，促进科技与经济社会发展相结合。

广州科技传播未来的发展体现在三个方面：一是共建"科普＋"平台。培养更多专业化、职业化科普人才，实现科学普及活动与传播互相融合互相促进，提高科普工作的传播力、影响力、渗透力，形成全社会科普协同发展之势。二是优化科技传播供给。进一步丰富科普内容的表达方式，寻找更多的创新突破点，充分探索新技术、新媒介、新方法，让科普内容更加丰富、生动，兼具互动性、趣味性与知识性。对受众进行细分，为科普需求者提供量身定制，做到因材施教，实现个性化的分众传播。同时把破解信息茧房、舆情管理与破除谣言上升到信息治理的高度。三是整合资源，形成"大科普"格局。通过搭建平台来整合资源，以科技传播为突破口，探索促进科普产业发展的方法。持续增加对基础硬件及人力资源的投入，进一步理顺公益性科普事业与市场化科普产业之间的关系，以包括科技传播在内的多元化手段推进科学普及工作、提升公民科学素质，从而营造科学精神引领下的崇尚创新的社会氛围。

一、共建平台，构筑协同传播体系

1. 国家战略下的区域科技传播体系建设

一是在国家战略下思考区域科技传播体系的独特优势。科技传播体系是一个系统性的工程，需要整体布局和设计。一方面要找准自身定位和自身特色；另一方面要打通协同机制，这既包含了国内机构、组织，也包括国际的资源的利用。

二是抓好价值传播的主线，深入推进科技传播工作。科技传播的本质是通过媒介和交流，实现科学理念与创新精神的传递。科技传播关注的是科学技术、科学知识的表象之下流动的科学精神与创新意识。牢牢把握这样的价值观传递，才能充分而有效地利用好包括文化、旅游、经济等在内的一切区域因素，在更广阔的空间内建立起泛科技传播体系。

三是加强垂直、社交、跨界类科技传播的精准度。相较主流科技媒介的传播，垂直类及社交类的传播，更容易在一些特定的领域打通具体文化与生活的交往，从而实现深度传播。如2023年贵州茅台集团与食品行业的系列合作，拓宽食品行业除食物本身之外的价值外延，同理，在特定场景下"非科技传播视觉"的科技传播，更能触动读者的内心。

2. 构建共享性的科技志愿服务平台

进一步加强资源统筹协调，一方面在科技传播体系内做好文化、教育、科技、宣传各方面资源的联动整合；另一方面，打通不同平台之间的内容割裂与互不相通局面，实现资源共享。

2023 年，广东省共有科普专职人员近 1 万人、兼职人员近 7 万人、注册科普志愿者 13.7 万人。其中，有科技志愿服务组织 271 个，科技志愿者 29150 人。

构建起不同社会平台间的志愿者及志愿项目的信息共享机制，建立科技志愿服务体系，在组织建设、政策支持、队伍建设、项目策划等方面加强统筹规划，发挥科技协会的牵头引领作用，全面整合各成员单位已有科技志愿服务工作的项目资源、活动资源、人力资源，鼓励、支持市级学会、高校、企业、科研单位、社区以及其他社会组织结合本行业、本领域、本地区的特点和需求，完善志愿服务体系，建立起完善的管理机制。

在调动协调各方资源方面，广州市做了一项具有创新意义的尝试。2023 年，广州市启动了"科普惠民，志愿同行"志愿服务驿站项目，通过志愿赋能，在 77 个志愿服务驿站传播科普知识，传达科技志愿服务精神。在志愿服务驿站开放日传播科普知识是广州市的一次创新，集中体现了广州科技志愿服务的特色，是推动广州市全民学习科学的重要举措，引导社区居民以志愿者的身份参与科普推广活动，营造全民学科普的良好志愿服务氛围。

3. 强化科技传播中的决策咨询作用

《关于新时代进一步加强科学技术普及工作的意见》中提到，各级科学技术协会要履行全民科学素质行动牵头职责，强化科普工作职能，加强国际科技人文交流，提供科普决策咨询服务。有关群团组织和社会组织要根据工作对象特点，在各自领域开展科普宣传教育。同时要拓展科学素质建设交流渠道，搭建开放合作平台，丰富交流合作内容，增进文明互鉴，推动价值认同，提升开放交流水平，参与全球治理。

以大数据、云计算、物联网、人工智能与区块链等为代表的新兴信息技术蓬勃兴起并加速投入应用，数字化正成为推进决策科学化、服务中国式现代化的重要力量。因此，科技传播领域也要加强智库建设，广泛汇聚并转化重大战略决策咨询、经济社会发展对策、科技发展重大研究成果，以及科技界对于科技创新、科技人才、科技组织等的新思想、新观点，形成交流，面向社会，编制发布系列智库报告。一方面，智库作为国家"软实力"的重要组成部分，是国家治理能力的重要体现，是影响政府决策、推动社会发展的重要力量。另一方面，现有的智库在提供智力支撑的能力和水平方面均有待提升，其关键在于基于数据的决策科学化支撑不够，需要构建具有可靠性、可拓展性、可维护性的数据密集型决策支持系统，为复杂的国内国际传播战略提供具有战略性、前瞻性、科学性、系统性的政策建议和解决方案，以数字化赋能实现"以科学咨询支撑科学决策，以科学决策引领科学发展"的目标。

"智汇中国"是中国科协组织团结引领科技工作者服务党和政府科学决策、线下线上结合的资政平台，是中国科协决策咨询和战略发展工作品牌，广州可以在"智汇中国"的智库体系下，贴近实地需求，打造"智汇广州"的区域品牌，发挥地方特色与优势。

4. 扩大"朋友圈"资源

广州科技传播集合不同"圈层"的资源，实现科普群体和科普内容的多圈层叠加，扩大科普"朋友圈"。

以群众最为关心的科普分类之一的重疾防治、健康养生为例。2023年9月，由羊城晚报报业集团、广东省新闻学会、广东省粤港澳大湾区文化创意产业促进会、广东省基层医药学会、广东省护士协会联合主办，广东省网络文化协会、广州健康城市促进会协办的"2023大湾区科普大赛"上线。大赛的目的在于给医疗健康行业机构和从业者打造一个权威、专业、利民的科普发声平台，同时发掘一批优秀科普作者和作品，营造良好的健康科普社会氛围。与此同时，在广东省卫生健康委、广东省医学会指导下创立的广东省医学会健康传播自媒体联盟（简称"联盟"）成立至今已拥有成员 703 个，粉丝总数超 9000 万。联盟自成立以来，共举办四期"健康科普大赛"，该赛事由广东省科协、广东省卫健委指导，广东省医学会主办，广东省医学会健康传播自媒体联盟承办，不仅是面向公众的科普推广，同时也是医疗卫生干线的科技工作者之间的一次业务交流与新媒体技能拓展。赛事规模逐年壮大，截至 2023 年 9 月，参赛选手累计超过 15000 人，通过线上线下参与的受众量超过 1.6 亿人次，品牌赛事"南方健康科普大赛"已发展成社会影响力大、公众参与度高的重大特色科普品牌活动。

广州在不同社会组织建立的同类型的科技传播系统之间构建起联系，形成资源与内容的共享和联动，实现彼此传播圈层受众的叠加，覆盖更广泛的受众，增加传播效能。

二、推动科技传播供给侧改革

科技传播的供给侧改革，一方面要锚定创新，打破内容局限，寻找更多的创新突破点；另一方面要把破解信息茧房、舆情管理与破除谣言上升到信息治理的高度。

1. 锚定创新，打破内容局限

传播科学知识在内容表达方式上要做到通俗易懂，提高受众的可接受能力。《科普中国》2019 年 12 期月报数据显示，在十大科普主题中，热度指数综合排名前三位的主要是健康与医疗、信息科技、气候与环境。从综合排名来看，健康与医疗由于与人们的生活更加贴近，始终排名第一。但是除了稳居前三的主题以外，其他主题的传播量较少，科技传播应该不断丰富传播主题，紧贴生活、跟进热点，满足受众多样化信息需求，打破内容局限。

2. 智能时代的泛链接与反链接

互联网嵌入日常生活的程度越来越深，网络智能构成传播的底层技术，如前文所述，一方面，通信技术与社交媒体的兴起，使得信息的链接无处不在；另一方面，受众对于"泛链接"的警惕性也越来越高，在特定的场景下形成反链接的意识，在智能时代，应该推进多层次传播主体建设，形成信息的圈层叠加，提升传播的效能。

传统的科技传播一般是科研所、科研专家等权威机构来进行的，这些权威机构在科技传播活动中更具积极主动性，对信息的把关能力也更强。但是单一的传播主体会使得传播渠道、传播范围和传播效果受到一定的限制。因此应推进多层次传播主体建设，支持官方媒体传播科学知识，同时还要鼓励自媒体用户充分利用新媒体平台，创新传播形式、丰富传播内容、扩大传播范围，推动科技传播发展。

广东省医学会健康传播自媒体联盟的明星成员"粤妇幼"在 2022 年上线了微信小程序，形成集健康宣教、就医服务、智慧医疗于一体的创新平台。仅一年时间，"粤妇幼"公众号粉丝量已经超过 300 万，推出宣传片 12 部，位居全国三级妇幼保健院微信公众号科普影响力排行榜第 1 位。作为广州科普名师、广州南方医科大学第三附属医院风湿免疫科的何懿教授及其他垂直类科技自媒体工作者，都成为医学健康类科技传播体系有益的组成部分。

3. 受众细分与个性化的分众传播

平台通过算法技术，将不同类型的视频推送给不同的用户，是为"精准定位"。事实上，不同平台的用户类型和喜好，也有差别。例如，同为航空类的社会新闻，抖音平台上浏览量较高的是国航服务员嘲笑不会说英文的乘客的新闻，而快手平台上同一时间段内，浏览量较高的则是南航选座要花钱引发争议的新闻。充分利用好这些媒介平台不同的特点，首先可以为用户制作和推送特定的视频，从而满足了受众的个性化需求，提高受众对视频博主和平台的"用户黏性"；其次精准定位受众，个性化推送，可以减轻信息爆炸时代用户的信息压力。

三、形成"大科普"格局，多元化推进公民科学素质建设

实现多元化推进科学普及工作和公民科学素质建设，可从以下几个方面开展工作：第一步，完善制度，协调机制，整合资源创新方式，筹建科普企业，规划科普产业园区，吸纳更多社会群体进入"科学普及"与"科技创新"两翼并进的循环中，形成对基础硬件及人力资源的持续投入；第二步，进一步理顺公益性科普事业与市场化科普产业之间的关系，推动效益型市场机制建设，形成科普产业的可持续发展；第三步，实现广州市全民科学素质的提升，进而建立起科学精神引领下的崇尚创新的自信的社会氛围，持续提升广州市创新系统的创新效率。

1. 搭建"大科普"平台，探索科普产业化创新方法

广东省宣布至 2025 年建成科普产业基地 10 家，培育科普产业领军企业 50 家，推动科普产业规模和水平全国领先，公益性科普事业与市场化科普产业同步发展。在持续推动科普政策制度完善落实基础上，推动重大科普工程建设，以"数字政府"建设为抓手深度赋能科普服务数字化、智能化、普惠化，并将推动配强科普专兼职队伍，制定专职科普工作者职称评聘标准，落实科普项目纳入科技进步奖范畴，支持社会力量设立科普奖。同时，着力构建政府、社会、市场等协同推进的社会化科普发展格局，鼓励各级政府通过购买服务、项目补贴、以奖代补等方式支持科普发展，探索依托"大专项＋任务清单"方式支持地市开展科普工作。

广州市构建政府、社会、市场等协同推进的社会化科普发展格局。树立大科普理念，推动科普工作融入经济社会发展各领域各环节。鼓励支持企业和其他社会力量等参与科普事业、兴办科普产业。并大力实施科普产业繁荣工程，制定培育壮大科普产业发展政策措施，鼓励兴办科普企业，规划创立科普园区，鼓励科技领军企业加大科普投入，推动科技成果科普化，聚集科普人才力量，加快推进科普展览、科普图书、科普影视、科普玩具、科普旅游等科普产业发展，促进科普与文化、旅游、体育等产业融合发展。"两个同等重要"制度建设不断完善，大科普格局基本形成，科普传播力、影响力、渗透力不断增强。

在科普产业化的探索方面，长隆集团（以下简称"长隆"）走出了一条全球首创的"野生动植物种源基地＋科学研究＋科普教育＋救护放归＋文化旅游"五位一体的生态价值转化可持续发展模式，成功开展全球生物多样性保护、科普教育和实践活动。目前长隆已构建认知、研学、保育的全维度课程体系，形成 100 余门参与式科普课程，将公益课程带入 100 余所中小学和大学、社区。2023 年，长隆被科技部、国家林草局纳入全国首批林草科普基地，是 57 个科普基地中唯一一个民营科普单位。以市场化、企业化的思路推动科普公益事业发展，正是提升科普产业化的创新做法。

2. 整合资源创新方式，加大科普投入，多方筹措资金

2021 年以来，国家及地方的系列政策明确提出要实现科普产业化发展，实现科学普及的高质量发展，可持续发展。然而对于科普产业化发展来说，依然面临着寻找产业链主体、保护知识产权及持续的资金和人力投入等共同问题。当下，"大科普"格局下的科普产业化相关政策法规有所缺位，保障细则和规划布局不够；科普产品的有效供给不足，供需之间尚不平衡，科普产品亟须提高质量、拓展维度；科普企业主体发育不足，市场化营利能力不够强，产业化程度不够高，专门从事科普的企业较少。

以应急防灾领域为例。2018 年 7 月，应急管理部和多部门联合印发了《加强新时代防震减灾科普工作的意见》，提出到 2025 年，要建成政府推动、部门协作、社会参与的防震减灾科普工作格局，实现防震减灾科普创新化、协同化、社会化、精准化，防震减灾科普主题更加突出，防震减灾科普产品更加丰富，防震减灾科普能力大幅提升，防震减灾科普工作机制更加健全。但是直到目前为止，从全国各地的防震减灾科技馆、地震纪念馆、地震遗址公园来看，维持这类科普服务场所所需的人力、物力、财力投入很大，且由于缺乏良性的传播体系，科技传播的组织者和参与者都是被动行动。从产业化的角度来看，既没有相应的地震类科普产品，也没有相应的科普服务，数字化转型较慢，商业模式尚未成型。

新的科技传播模式正在发生转变，从传统的基础知识普及，逐渐转向基于前沿创新科技的"硬核"内容。知名科普企业果壳的创始人兼首席执行官在谈到科技传播与科普产业化时表示，过去 20 年互联网发展迅速，但大量的科技传播的内容依然是被流量驱使的科普内容，即普通公众感兴趣的生活科普，而生物医药、量子计算、航天芯片等科技创新关键领域的内容，由于过于前沿，无论在线下还是在线上，都没有得到特别好的推广。

中国科学院为中国自然科学最高学术机构、科学技术最高咨询机构、自然科学与高技术综合研究发展中心，下设 100 多家科研院所，共运营了 49 个抖音账号。其中影响力最大的是"中科院物理所"。辽宁省社会科学规划基金的一个研究项目结果显示，截至 2022 年 6 月，"中科院物理所"抖音账号拥有粉丝 291.1 万，发布内容 232 条，总计获赞数 650.7 万。首次发布内容时间为 2018 年 8 月，内容中最多的是生活科普和让人生疑的生活现象释疑，占 125 条，而对前沿科技的传播内容仅 34 条，在所有的内容中占比不到 15%。获赞前五的选题分别是：物理所网红研究员的课堂片段"物理没学好，谈个恋爱都费劲"，获赞数"断层"第一，达到

254.4万；排名第二、三位的，都是征文、街头访谈类的互动内容；排名第四、第五的才是"硬核"科技内容，分别为"进入超临界态的二氧化碳"和中科院院士讲"宇宙中有其他人类吗?"，获赞数分别为15.5万及10.3万，跟前三位的内容相比，有量级上的差距。

美国航空航天局（NASA）的商业化不仅包括运营线下的航天中心和发射地等作为教育研学基地，还包括开展跨界合作，开发徽章、服饰、食品、笔记本等文化创意产品，但NASA对科技创新有实质性推力的传播策略是对前沿科技内容的分享与共享。2017年，NASA发布免费的开源软件，公开工具清单中包含了在各种宇宙项目中采用的软件程序、代码库以及工具，并提供给所有用户下载、使用。除此以外，还有火箭制造指南、模拟宇宙空间站等小游戏。NASA无偿面向公众开放技术，核心目的是通过技术开放，集思广益，共同加速颠覆性航天技术的创新，激发公众特别是青少年对航天的关注和兴趣，并在技术上为航天活动提供支持。

对于前沿科技的关注、理解、消化、创新是实现"两翼"发展的关键环节。对于快速发展且不断膨胀的前沿科技的系统性普及，不能完全依靠公益性的传播，而是要靠公益性的科普事业和市场化的科普产业的协同发展，打通"科研—科普—科创"的链条，让更多的社会群体和社会个体加入大科普格局的循环中，让公众更理解前沿科技，更靠近创新。在这一过程中，科技传播链条上的环节都有走向科普产业化的机遇，也都有实现科普产业化的难点。

广州充分发挥市场经济发达的优势，注重整合资源的方式创新，鼓励支持企业和其他社会力量积极参与科普产业，多方筹措资金，广聚科普人才，为科普产业持续健康发展提供有力保证。

3．加强知识产权保护，推动健全效益型市场机制

除了公益性科普事业，全球的科普产业正以其发展模式带动城市经济创新发展。创新城市与科普产业是一个共生发展的关系。譬如，美国博物馆联盟 2017 年发布的信息显示，美国的博物馆 2016 年为美国经济贡献 500 亿美元，提供 72.6 万个就业岗位。又如，在日本、德国、冰岛等国家，不少城市通过工业科普研学，打造具有城市产业特色的主题博物馆，让科普场馆成为城市地标，带动旅游业发展。

科普产业的利点由科普产品和科普服务组成。科普服务又分为公益性公共服务科普和效益性市场机制科普两种。后者本身就具有因社会需求而产生的发展动力，也能因此获得经济效益。政府及相关机构通过调节机制推动市场机制运行，通过市场机制构建社会需求，促使价格形成，按照市场化的原则、要素和主体间关系构建科普服务体系。实现科普产业化要抓好两个环节：

第一，找到集聚效应的中心环节，即科普产业链条的链主企业，进而聚合周边的环节，形成科普价值链。比方说，以广东科学中心作为科普产业的链主，与之相关的科普创意产品、科普服务、科技研讨、展示、竞赛等活动，都是科普生态链的价值链环。融合了科普产品与科普服务的产业模式，还能与其他的产业链条关联。

第二，政府、企业、社团、个人，在科普产业链条中承担着不同的责任。对政府和协会而言，要加强政策的推进，健全机制，加强知识产权保护，完善监管及评价机制。同时，把科普产品、科普服务的形成与定价机制交由市场来完成。在事业性、公益性之外形成产业性、市场性，实现产品和服务的标准化，同时加强知识产权保护。知识产权是科普产业的核心无形资产，知识产权制度既能保护创作者的合法私权实现创新，更能让受众分享创意产品，促进信息传播、科技进步、实现社会福祉增长；而且完善的知识产权保护体系能减轻、分散因侵权行为和市场需求不确定性产生的风险，通过打造优质科普内容，加强知识产权保护。

第五章

案例篇

第一节　全球科技传播经典案例

案例 1　科学信仰：一场持续 200 年的科普活动

1. 案例概况

英国皇家科学院圣诞科学讲座（Royal Institution Christmas Lectures）是英国皇家科学院在 1825 年创办的科学讲座，迄今已近两百年。除了 1939—1942 年期间由于第二次世界大战中断了四年之外，每年都定期举办。发起人是"电学之父"迈克尔·法拉第（Michael Faraday）。作为"自学成才"的电学奠基人，迈克尔·法拉第将代表科学信仰的讲座选在了圣诞期间举行。圣诞科学讲座从最早的线下讲座，发展到广播、电视，现在还有网络直播。两百年来，英国皇家科学院每年圣诞节期间都在不同的媒介上组织讲座，知名的科学家、诺贝尔奖得主会面向公众进行 2 小时左右的科学演讲，这是英国科普界乃至世界科普领域每年热度最高的活动之一。

参与圣诞科学讲座次数最多的是法拉第本人，他在 34 年间共做了 18 次讲座。早期的讲座都是由一个人讲，通过几年，甚至十年的时间，向公众系统性地讲解一个学科的基础知识脉络，分享前沿研究成果。比方说，法拉第有 6 次圣诞科学讲座的内容后来被编辑成为科普读物《蜡烛的故事》，并成为全球闻名的科普名著。《蜡烛的故事》曾入选中国教育部2020 年版中小学阅读指导目录，作为自然科学名著被推荐给 3—4 年级小学生。《蜡烛的故事》一共六篇，以蜡烛为切入点，讨论物理、化学问题。全书从蜡烛的制造谈起，围绕蜡烛燃烧时经历的化学过程，详尽地阐述了氢、氧、氮、水、空气、碳与二氧化碳等日常生活中与我们息息相关的物质。法拉第的讲解层层递进，并运用许多具体而生动的实验对理论加以辅证，整个过程清晰明了，通俗易懂。虽然今天化学已经是一个非常庞大的学科体系，人类甚至已经开始研究如何在月球上就地取材、提取原料，用以支持人类的太空生存，但根据法拉第的讲座内容集结而成的《蜡烛的故事》依然是儿童科学启蒙的优秀书籍。法拉第所采用的科学普及的方式和方法在今天的科技传播中依然流行。

随着科学知识体系的扩容，圣诞科学讲座逐渐出现了两人或者多人合讲的情况。譬如，1965 年的演讲主题是"探索宇宙"，物理学家和射电天文学家等多人组成的"讲师团"共同为公众讲解"宇宙探索"这个庞大的话题。

1977 年开始，英国皇家科学院创办的这个科学讲座跨过了国界，美国天文学家、天体物理学家卡尔·爱德华·萨根（Carl Edward Sagan），登上了圣诞科学讲座的讲台。萨根是行星学会的成立者，小行星 2709（2709 Sagan）、火星上的一个陨击坑（Sagan crater）都以他的名字萨根（Sagan）命名，他毕生致力于科普事业，努力让公众理解科学。今天，不同国籍的演讲者在伦敦首讲成功后，甚至会开启前往其他国家的巡回演讲。

1991 年，《自私的基因》的作者理查德·道金斯（Richard Dawkins），登上圣诞科学讲座的讲坛。英国牛津大学在 1995 年创办了全球第一个"公众理解科学"学科，并设立了讲习教授一职。理查德·道金斯作为英国进化生物学家和作家，于1995—2008年在牛津大学担任公众理解科学教授。

2. 经验解读

尽管英国皇家科学院圣诞科学讲座延续了近两百年的时间，但其在形式上不断更新，内容也跟着科学的发展与时俱进，其成功的原因离不开"延续"。

1966年开始，圣诞科学讲座开始通过电视进行传播，每年从圣诞当天开始播放，流媒体兴起后，每个讲座也会被合编成3~6集，分发到不同的视频网站上。两百年前，这个讲座更多的是面向大众的关于基础科学的初级的系统性普及；如今，这个讲座更多的是向公众揭示前沿科技动向，演讲者与公众分享的是不确定领域的发现以及一些尚有争议的科学命题。2011年讲座的主题是生物学"认识大脑"，2015年是航天学主题"如何在太空生存"，在经历了两年疫情之后，科学家向公众分享了人类对于新冠病毒的认识。2021年，圣诞科学讲座邀请英国前卫生部副部长、传染病学家乔纳森·斯塔福德爵士（Sir Jonathan Stafford Nguyen-Van-Tam），对公众科普新冠病毒；2022年，圣诞科学讲座邀请全球知名的法医人类学家苏·布莱克教授（Sue Black）宣传刑侦鉴识科学；2023年，圣诞科学讲座邀请曾参与开发阿尔法围棋机器人的牛津大学计算机专家迈克尔·伍尔德里奇（Michael Wooldridge）教授讲"人工智能的真相"。

从传播者的角度来看，圣诞科学讲座的创始人法拉第通过一根蜡烛的实践，从生活中随处可见的现象入手，讲解基础物理、化学知识；今天的科学家通过最前沿的科技话题，向公众揭示人类未来可能的发展方向。圣诞科学讲座的主题和趋向发生了根本性的变化，但讲座创立的初衷始终如一。

从公众的角度来说，这个持续两百年的活动，其本身就具有仪式感，且这一科学活动选在圣诞这样一个具有信仰意义的日子举行，又给这一仪式本身赋予了更丰富的内涵。

3. 启示借鉴

当今全球科技传播媒介种类繁多，既有传统的电视和报纸，也有新兴的社交媒体和网络平台。这些媒介共同为公众提供了获取科学知识和参与科普活动的渠道。成功的科技传播，第一，要具有品牌意识，形成系统化、持续性的内容供给体系；第二，与形式相比，内容的选择和价值导向是更重要的决定科技传播效能的关键因素。

案例2　全球联动的科技传播

1. 案例概况

量子科技，是新一轮科技革命和产业变革的前沿领域，其主要分为量子计算、量子通信、量子精密测量三大领域。量子科技发展具有重大科学意义和战略价值，是一项对传统技术体系产生冲击、进行重构的重大颠覆性技术创新。全球各国纷纷出台支持量子技术研发的重大计划、倡议和发展政策，如美国白宫科技政策办公室于2022年推出的《量子信息科学和技术劳动力发展国家战略计划》，要通过公共宣传和教育材料向公众宣传量子信息科学技术；欧盟开启"量子技术旗舰计划"，面向全社会开展科学普及并搭建平台用以创建相应的学习生态系统。

2021年4月14日，包括中国量子科学家潘建伟和陆朝阳在内的来自65个国家的量子科学家发起一项倡议，将这一天定为庆祝世界量子日。之所以选在4月14日，因为这是普朗克常数四舍五入的前三个数字，这是能量和时间的乘积，是支配量子物理的基本常数。美国在国家量子倡议官方网站中搭建了量子图像库（Quantum Images Gallery），从他们资助的研究中收集了一些量子科技相关的照片与图像，其中包括与量子科技相关的实验室的环境、科技工作者的工作照片，其中最引人注目的是使用延时摄影技术展现出的量子通信实验室上的变频模块和纠缠光子源、使用显微镜头观察量子光子晶片细节的特写，以及使用计算机技术绘制拓扑磁体产生的量子效应现象的图像。图像以直观的形式向公众展示了被全球誉为战略科技的量子科技。

谷歌旗下 Quantum AI 团队与 DoubleSpeak Games 联手打造了一款极简风格的游戏"量子比特游戏"（The Qubit Game）。谷歌表示这是"从一个量子比特开始构建量子计算机的有趣旅程"，将帮助公众了解量子科技与普通人的生活之间的关系，玩家在收集量子比特的同时，将了解到量子计算的基础原理，体验量子工程师在工作中所要克服的科学难题。

丹麦奥胡斯大学社区驱动研究中心（CODER）开发的量子移动（Quantum Move）应用是量子物理和混合智能领域的游戏化公民科学项目，玩家可以在游戏过程中帮助研究人员解决和理解前沿量子研究中的实际问题。

西班牙光子科学研究所（The Institute of Photonic Sciences）官方网站中设有专门的外展模块，其中量子之旅（Quantum Tour）项目通过交互式的网页设计，带领受众走进光子研究所的实验大楼，用户可以自由地在量子实验室中展开探索，并通过点击隐藏在各个界面中的互动模块了解量子领域的核心研究进展和应用。为了增加玩家的体验感，网页采用了清新的水彩手绘风格，融合了图像、视频、360 度全景图片等不同形式。

2. **经验解读**

今天科学的形式常常"不可视"，要么过大，如宇宙星辰；要么过小，如细菌、微生物，不靠专业的仪器无法观测。科学的概念往往"不可触"，如无处不在却无法触碰的"熵"，如 mRNA 技术，携带生物指令进入人体，但这条指令的接受者——人——根本无从感触。

　　"直观感受"是公众理解科学的最好的形式之一，将不可视、不可触的科技领域变为可视、可触、可感的形式，有利于公众对于科学技术的理解。"纸上得来终觉浅"，将科技的细节提炼、融入游戏、虚拟实验室等体验性质的载体，一方面让玩家能够通过"亲身"操作，体验科学的细节，提高其参与的兴趣，深化其理解的程度；另一方面，通过互动，科技工作者也可借此获得更多的实验数据和创新灵感，用以推进当下的研究工作，在良性的循环中营造公众参与科学的良好氛围。

3. 启示借鉴

　　建立跨界合作桥梁，协同开发科技传播的内容，也是国际化"大科普"的格局。如上述案例中所提及的图像库中的照片、游戏的画面，不仅包含科学的因素，也有来自艺术等领域的跨界协作。

　　全球知名的 Nature Profolie 出版集团，旗下的众多科学期刊，譬如《自然》（*Nature*）是全球首屈一指的科学周刊，该集团虽然以"科学研究的原创性、重要性，跨学科影响力，即时性，传播力和成果的突破性"见长，但它配备了专职的科学美术编辑团队。美术编辑在顶级科学论文的选图和编排上下功夫，力求以更精准、更艺术的图像帮助读者理解科学，扩大科技传播的效能。

　　如果说量子科技传播背后，更多地体现着各国政府的协调力量和资金资助的话，美国流媒体巨头 Netflix 与英国广播公司的著名制作团队及世界自然基金会三方合作的纪录片《我们的星球》就更多地体现了商业的跨界合作与科技传播市场化的努力。

第二节　中国科技传播标杆案例

案例　"新千里江山图"讲活中国故事

1. 案例概况

2021年7月，哔哩哔哩（B站）上推出了"一个都不能少——长卷寻宝"系列作品。长卷融合动图、视频、H5互动游戏等丰富的科技传播手段，以人民为主角，通过民族以及省区市的地理区划为主要线索，将24幅插画场景串联起来，并通过隐藏的100个知识"彩蛋"将习近平总书记的扶贫足迹、党的百年历程的闪光点、全国脱贫攻坚楷模的事迹融入绿水青山中。通过借助习近平总书记关于"绿水青山就是金山银山"的科学论断，精准切入全球环境保护的议题。以可视化的形式和共识化的内容，讲活了中国故事。

"长卷寻宝"活动上线后，一个月内登陆了60余家海内外网站，吸引全网超过1.6亿人次浏览关注。B站总浏览量达8100万人次，其中640余万网友参与H5互动寻宝游戏，主流媒体及商业平台相关话题和文章阅读量达8000余万。24幅国风插画及动态视频，描绘56个民族的美好生活，100个精心设计的知识"彩蛋"被藏在B站H5互动游戏中，由24名B站头部 UP 主担任"宝藏守护者",带领青年网友们寻找知识"宝藏"。

除了精准的定位和新鲜的立意,长卷的画风也得到了"Z 世代"人群的认可,被网友喻为"新千里江山图"。"Z 世代"又称"网生代",主要指 1995 年后互联网蓬勃发展的 15 年间出生的人群,至 2021 年,中国"Z 世代"群体活跃用户规模达到 2.75 亿。

绘制长卷寻宝的插画师来自上海青年创业团队——聚变工作室,他们都是活跃在微博、抖音、B 站等主流社交平台的头部内容创作者,他们也都是"Z 世代"年轻人。主创插画师李天植介绍,这次长卷插画取法中国古典长卷《清明上河图》,再结合传统水墨画散点透视与现代美术 3D 立体视角,运用当下国际插画界流行的笔触,来描摹祖国的绿水青山和各民族人民的生活情态。

"长卷寻宝"活动的另一大亮点就是创新了传播模式,通过个性化分享,中国故事获得了国内外同频共振的机会。如上海外国语大学的青年学生,就在参与"长卷寻宝"活动的过程中,运用其中一幅插画去回应了国际问答社区的热门问题——"你印象里的中国和真实的中国有何不同",以独特方式告诉国际网友什么是真正的中国。

2. **经验解读**

"长卷寻宝"活动所使用的"Z 世代"传播场景和叙事话语,面向"Z 世代"的定位,内容内涵的广阔性有利于讲述和传播中国故事,可以进一步"破圈"。中国故事可以用宏大系统全面的方式叙事,也可以用个体感受、互动游戏、圈层社交的方式讲述。以个性化视角和年轻化的叙事,以备受关注的全球生态议题为入口,营造国际化的传播空间。

"寻宝"模式历来屡试不爽,早在 2020 年 4 月,在新华社、B 站共同推出的"浦东开发开放三十周年"专题视频中,UP 主凉风 Kaze 创意设计了以"搜寻 + 破解"老照片为主线的内容构架,通过条理清晰、逻辑连贯的推理，带领网友一同打卡东方明珠电视塔、中华艺术宫、滴水湖等地标，最后回顾"浦东开发开放三十年的成就"。视频尾声，"愿祖国繁荣昌盛"的祝福弹幕刷屏，该视频播放量超 600 万。

针对"Z 世代"的宣传，一直是科普前沿瞄准的重点。2013 年，"嫦娥三号"成功登月，探月巡视器"玉兔号"月球车随"嫦娥三号"着陆器顺利降落月面，随后开始月面探索。这一次的科技传播有一个创新亮点，即"玉兔号"月球车登陆月面后，新浪微博账号"月球车玉兔"开通，发出第一条有关自我介绍的微博，人格化的"玉兔"以轻松活泼的网络语言报道探月情况，传播科普知识，积极与网友互动，引发了广泛的共鸣。当月球车出现故障后，与往常不一样的是，国内外舆论几乎"一边倒"地支持"玉兔"，希望"玉兔"快速"苏醒"，少数质疑中国探月计划的声音直接被淹没了。2016 年，月球玉兔车遇到故障将要进入长期休眠，最后一条微博动态留言 13.9 万，点赞 23.3 万。2016 年 7 月，随着玉兔号月球车停止工作，微博上那个以"月球车玉兔"为 ID 的大 V 账号完美收官。三年来，这个以"玉兔"为第一视角、拟人化运营的冷启动账号，收获了 60 万粉丝，引来 BBC、Nature、Space 等海内外媒体的竞相报道，并出版了自己的周边书籍作品。国内外网民对"玉兔"一边倒的追捧充分印证了此次创新性科技传播带来的积极影响，展现了社交型科技传播的力量。

硬核科技与柔性传播的"反差"是成功扩大传播效能的关键因素。"月球车玉兔"实际上是一个由新华社与果壳网合作运营的账号，但它从一开始就没有借力它的"官方"背景，也没有亮出"硬核"的科普运营团队，甚至没有注册为一个认证 ID。作为近年来科技传播界不可忽视的一个经典的传播案例，"月球车玉兔"的成功由三个因素共同构成：一是拟人化的"兔格"设定符合当下"网生代"喜爱的传播情境，这种设定使其能够轻松地使用社交媒体上的网络语言，不动声色地融入了它想要形成传播影响的群体；二是与其"呆萌"的形象相比，这个账号发出的内容却十分"硬核"，强烈的"反差萌"同样是"网生代"喜爱的形式，对后者形成了较高的吸引力；三是这只兔子不仅分享了专业的探月进程和航空航天知识，而且它还是一只科学知识储备丰富、有高度的新闻敏锐度且十分幽默的兔子，爱关注热点，爱"蹭热点"，能接得住"梗"，借着自己的影响力，随时随地，随手科普。譬如，借着著名演员袁弘的"捡肥皂"的调侃，月球车玉兔就巧妙地将话题引至"如果在月球上吹肥皂泡会发生什么"的讨论上，然后果壳网科学编辑迅速对该问题做出考证和解答，再通过玉兔的声音让更多人加入了这场异想天开的假想实验，让受众在娱乐话题中体会科技传播的魅力，形成二次传播。

3. 启示借鉴

首先，科技传播不分国界，讲好中国科技文化故事，需要内外联动，而非将"内宣"与"外宣"隔断开来。其次，科技传播的渠道和方式应该与时俱进，构建起多层次多维度的立体的传播话语体系。传统的科技报道术语较多，修辞严苛，语法冗长，对普通受众来说，有理解壁垒。然而无论是"长卷寻宝"还是"玉兔"化的探月车，其设计定位和形式内容都打破了情感壁垒和知识壁垒，形成广泛共鸣，成功破圈。再次，利用了"Z世代"喜爱的传播场景的特点：在网络化的文本和形式的基础上，将中华优秀传统文化与现代审美、与"星辰大海"的梦想结合在一起，成功地触动了"Z世代"的内心。最后，无论是"长卷寻宝"由头部UP主担任"宝藏守护者"，转化主角视线，引领更多的青年网友寻找知识"宝藏"，还是玉兔探月车选择的"呆萌"人设，都成功地拉近了传播主体和受众之间因知识和能量差距而产生的距离感。近年来，由于一些专家学者在媒体上的表达让普通公众产生误会或是根本就是错误的发声，导致公众舆论形成了一种抵制权威的现象，"砖家""叫兽"之类的戏谑和讽刺词语不断出现，这种预设的抵触感对于科技传播是极为不利的，导致受众宁愿错误地抵制知识也不要相信权威，这给传播者带来了额外的阻力。传播者只有降低传播姿态，拉近双方距离，以平视的目光与传播对象进行交流，用亲和又不失专业性的方式传递科技内容，才能得到好的传播效果。

第三节　广州科技传播优秀案例

案例1　科普视频：内容创意突显科技价值

1. 案例概况

"日啖荔枝三百颗，不辞常作岭南人。"众所周知，荔枝自古以来一直是岭南地区知名度首屈一指的水果。但是鲜为人知的是，千百年来，荔枝和龙眼一直比邻而居，龙眼甚至还有一个名字，叫"荔枝奴"，由于生物学上的生殖隔离，这两种水果之间从未出现过杂交后代。

华南农业大学园艺学院教授刘成明，自1998年以来，一直致力于研究如何能够杂交出荔枝与龙眼的"混血种"。2022年，全球首创的"龙眼×荔枝"属间杂交新品"脆蜜"面世了。脆蜜以石硖龙眼为母、紫娘喜荔枝为父，跨越了物种之间的生殖隔离来到世上，是杂交育种史上的一次重大胜利。网络上对于毗邻而居千年的荔枝和龙眼的第一个"孩子"非常关注，一些年轻人甚至将之戏称为"有生之年"系列。网友们对于脆蜜究竟是何种口味，在哪里能够买到也非常关注。

在这样的背景之下，广州市科协邀请"脆蜜之父"刘成明教授在2022 年广州市全国科普日的会场上作了一期关于脆蜜的科普讲座。"科普广州"制作并在抖音上发布了一个关于脆蜜的解密视频，以"我和脆蜜的故事"为主题，解析了世界上第一个龙眼和荔枝杂交的新品种脆蜜的前世今生。

从科技创新的角度来说，脆蜜的诞生突破了自然界的生殖隔离。研究人员经过 20 多年的研究和不断尝试，克服重重障碍，综合运用物理、化学和生物学的手段，创造性地让龙眼柱头"爱上了"伪装成龙眼花粉的荔枝花粉，完成了属间杂交的授粉受精过程。

从网友关注的物种属性来说，脆蜜继承了双亲的优点，通过父亲的强项，恰到好处地补足了"母亲"的缺点，具有生长势强、成熟期晚、抗寒性强、果大质优、适应性广等特点。脆蜜果肉嫩脆，完全无渣，糖度高达 20% ~ 24%，因此起名为"脆蜜"。脆蜜从口感上来讲更接近龙眼，学术上称为"偏母遗传"。脆蜜适栽范围广，目前在广东的从化、潮州、湛江、茂名、连州，以及四川泸州和重庆永川等试验基地均表现良好。而且脆蜜比主栽龙眼品种更耐低温，温度再低 2℃ ~ 3℃ 也没有问题，这让它能够在更冷的粤北地区存活，有望拓宽龙眼种植的北限。

短视频"我和脆蜜的故事"推出及时，制作精良，内容风趣，却不失科学的严谨性，受到广大网友的好评。截至 2023 年 8 月，该短视频在"科普广州"抖音号上累计已吸引 1070.8 万人次观看，点赞数突破 14.3 万，评论数 1.6 万，评论的网友遍布大江南北，甚至还有来自东南亚的国际友人。

2. 经验解读

"我和脆蜜的故事"以水果为切入点，用科普短视频讲好新时代乡村振兴的故事，折射出广州科普产业化的大背景。科普视频既有受众感兴趣的科学知识，又有贴近群众的生活实际；既没有强行引入"砖家"，也没有哗众取宠地博取眼球。

"科普广州"系列短视频做到了文本创新与情感共鸣。长期以来，科技传播相较社会时政、娱乐体育等传播，文本复杂，形象"高冷"，传播渠道较为单一，这也是其难以破圈的痛点。"科普广州"以脆蜜为引，普及生物科学，给公众留下了深刻的印象。另外，短视频还做到了多点联动，结合线上线下的活动，联合不同的科普主体，取得了复合性的传播效果。在脆蜜的传播中，学者向公众普及了"属间杂交""生殖隔离"等复杂的生物学概念；媒介在解密的同时，回答了品种是什么口味，什么时候能够吃到等公众关心的问题，获得了传播的流量；而多方共同的努力，展现了科技兴农、助力乡村振兴的大语境。事实上，联动作为传播合作的一种方式，其作用在于形成合力、优势互补，将各自在自身圈层内拥有的影响力和关注度，通过联动合作的方式成为加持彼此传播力的有效途径。

"科博士实验室"知视频品牌集合是"科普广州"的又一特色专栏。专栏对于一些科普知识和现象，通过做实验的方式进行验证总结，并用短视频的形式加以表达。2021年至今，"科博士实验室"共制作70期实验视频。其中，"鸡蛋从高处掉下来为什么不会碎？""多大的力气才能把叠在一起的两本书分开？"等12个科学实验视频登上学习强国平台"看科技"频道首页，视频总播放量超1400万。

"科普广州"的科普视频栏目以公众的科学需求为导向，以严谨的科学知识为基础，以通俗易懂的表达为手段，选取公众从日常生活到热点事件、科技前沿等不同层次的多元化需求题材，并在此过程中协助公众认识科学、理解科学、欣赏科学。"科普广州"通过"科博士"IP 形象引导观众进入科学小实验，运用活泼有趣的短视频形式，多角度呈现科学实验的背景知识、实验原理、生活应用等，具有创新性、知识性和趣味性，在多个新媒体平台均广受好评。

同时，科普视频还采取线上线下相结合的模式，即除了在新媒体平台传播，还在青少年科技馆、各类科普活动现场、社区、学校等，设有各种科普视频中出现的科学小实验和"摸得着的黑科技"供观众体验，并配有实验老师指导 DIY 实验制作小课堂等。线上线下的同频共振，进一步扩大了科普传播覆盖面和影响力，让公众了解科学、走进科学，享受科学带来的神奇魅力。

为了配合线上科普视频的传播，栏目组还开展了"科博士实验挑战赛"，激励广大市民朋友大开脑洞，选择复刻"科博士"发布过的实验系列视频中的小实验，也可以是他们曾在课堂上学习过或现在感兴趣的科学小实验，拍摄科学实验视频。"科博士实验挑战赛"给市民科学实践提供展示舞台，让大众感受科学趣味实验带来的魅力，探索科学原理在现实生活中的应用，提高大众的科技创新能力。

3. 启示借鉴

科技传播类的视频成功"破圈"的根本在于粉丝基数和粉丝黏性，而增加粉丝和改变粉丝的观看习惯，需要提升运营技巧，满足多维用户的多重需求。具体而言，包括：学科主题选择、视频的时长、视频呈现形式、留言互动机制、视频文本风格、音乐和画面节奏、标题的长度以及视频标签的选择。

从学科主题来看，传播学的学者在 2018 年根据腾讯大数据平台谣言文本分析得出结论，在所有的网络谣言种类中，科技类话题占比 47%，远超时政、娱乐、体育等主题，位列第一，而在科技类话题中又以医药卫生、健康养生、重疾防灾等谣言比重最高。与之相应的研究显示，B站上科技类短视频选题最多的也是重疾防治、健康养生等主题，这些主题视频同时是科普与辟谣的主阵地。

从视频的时长和呈现形式来说，互联网生态系统的一个重要特征就是注意力稀缺现象，在B站上，5分钟以内的短视频完播率更高，15分钟以上的科普类短视频占比不到15%。根据壹心理团队关于视频类型的研究，由于很多带有"学习""普及"性质的视频都是在20点至23点之间发布的，有一些主题带有隐性的"不适合"，比方说，关于压力、关于睡眠，对于观看者来说，本来就是压力过大睡不着或失眠睡不着，所以睡前不想再看这么"沉重"且带有"学习"性质的视频。

互联网社交有虚拟的圈层，年轻的用户常常活跃在不同的圈层，科技传播类的视频要突破圈层壁垒，吸引到新的用户，需要运营技巧。同时，对于科技传播类的主题视频来说，"破圈"只是途径，"破圈"后达成的公民科学素质的提升才是根本诉求，因此要组建专业的团队，利用科学的手段和科学的方法来做好科学的普及。

案例2　科普场馆：全球最大科学馆的科普产业化

1. 案例概况

广东科学中心是目前全球建成的最大科学馆，占地45万平方米，建筑面积14.07万平方米，常设12个主题展馆及600件（套）展品。广东科学中心自2008年建成开馆以来，15年间不断自我进化、迭代更新，成为广东科技成果展示的重要窗口和广州的城市名片。

从科技传播与科普活动的横向规模来看，广东科学中心建成15年余，累计接待观众超2400万人次，单日最高接待量近4万人，公众满意度达98%以上。举办专题特展超50场，自主研发展览数超20个，国内巡回展出 80 余站。

从科技传播与科普对象的纵向覆盖来看，广东科学中心链接社会资源，以自身为平台，整合高校、科研机构、科普基地、科技企业等多方科普产业链条，针对青少年、农民、产业工人、老年人等重点人群，开展讲座、表演、科学实验和展览等多种形式的科普活动，截至 2023 年 9 月已吸引广州地区超 100 家科研院所、科普单位和 2000 多名科普工作者参与活动，累计开展活动 75 场，直接受众超 70 万人次。广东科学中心共举办过 300 场科学探究营地、100 多期珠江科学大讲堂、200 多场小谷围科学讲坛和 12 届广东省创意机器人大赛。获"全国科普教育基地""全国科普教育先进集体"等荣誉称号近 300 项。

从促进科技资源在全社会范围内流动，提高公民科学素质的成效来看，广东科学中心于 2011 年发起成立广东省科技馆研究会，会员单位 47 个；同年成立广州科普联盟，会员单位 160 多个；2018 年成立粤港澳大湾区科技馆联盟，会员单位 20 个。这三大科普共享平台整合资源，开展了全国科普讲解大赛、两岸及港澳地区科普交流、广东科普嘉年华、粤港澳中小学生互访研学等多种形式的科普活动，加强了区域科普文化资源共享，提高了公众科学素养，成效显著。

2022 年，广东科学中心获得广州科普创新奖科普贡献奖（组织）一等奖。以第一完成单位获广东省科技进步奖二等奖 2 个、三等奖 1 个；获发明专利授权 9 项，实用/外观专利 124 项；发表论文近 400 篇，出版专著、编著和丛书 30 余部。

从科普产业化的角度来看，广东科学中心正探索"科普 + 企业""科普 + 文化"等科普产业模态。自 2017 年起，广东科学中心在行业内首创跨界融合社会化协同建馆新模式，以"馆企"模式建成全国首个新能源汽车科普馆，与云南白药跨界合作的"云南白药体验馆"成为昆明工业旅游的亮丽名片；采用"馆政"模式建成全国首个大型互动食品药品科普体验馆，研制一批互动式、沉浸式体验的创新展项，展馆面积 3500 平方米，共 108 个展项，其建设填补了行业空白。同时，广东科学中心还积极推进科普创新成果在多行业多场景的应用，如与广州的中华广场协同举办"叻科魔法学院"展，将科普项目推广至商业场所。

在加强科技传播国际交流方面，广东科学中心发挥身处粤港澳大湾区的地缘优势，加强科技馆专业能力建设，完善自主研发体系，深入开展科普学术研究和技术攻关，形成多功能、研究型、专业化的发展格局，努力成为粤港澳大湾区科普展览研发和自主创新的策源地，为全球科技馆建设运营和科普策展模式输出中国方案。一方面，广东科学中心从爱尔兰、瑞士、英国等引进"错觉""深海探奇""野外生态摄影"等展览；另一方面，广东科学中心增强展项研发硬实力，在自主研发"人与健康""走近诺贝尔奖"等 12 个巡展的基础上，与英国科学博物馆集团合作研发"超级细菌：为我们的生命而战"展，与美国自然科学博物馆合作成功研发"大脑"展。

2. 经验解读

广东科学中心把握时代要求和潮流趋势，促进场馆业态和空间形态、信息生态的高度融合，树立高效、便捷和智慧的现代化场馆形象。譬如，联通"信息孤岛"，以最新的移动通信技术和数字体验为核心，提升场馆票务、导览和安全服务，给整个科学中心装上"智慧大脑"。

广东科学中心把握战略机遇和区域优势，打造富有湾区地域特色和科普研究特色的科学中心。紧贴市场探索科普文化产业模式，打造中心知识产权形象、研发科普文创产品、搭建科普产业服务平台，努力创造出更多满足公众需求的科普产品和服务，实现社会效益和经济效益双赢。加快常设展馆和影院更新，在形式上增加体验互动性，在内容上增强知识趣味性，满足公众科学技术知识更新迭代需求。同时，加强科普巡展研发和推广，加大优质临展引进力度。针对不同类型、不同年龄的公众开发有针对性和吸引力的科教内容，在全社会营造良好的科普文化氛围。同时，依托已有展教资源，加强与教育部门、机构的合作，打造一批兼具场馆特色并符合公众需求的研学精品项目。

广东科学中心持续推进优化场馆服务，对标 5A 级景区标准完善各项服务设施，提升讲解水平和技巧，针对不同人群，增设个性化讲解、外语和手语讲解等服务，用有温度的服务赢取公众更高的满意度。

3. 启示借鉴

广东科学中心是区域科普产业化的一个范例，其产业化运营思路完整地体现了广州地区科普产业化的科学思维、全球思维、区域思维、数字思维、创新思维与商业思维。广州地区科普产业化是在科学精神引导下，以科技传播为媒介实现的产业化，它既立足于岭南地域文化，又带有粤港澳大湾区国际化特色，积极采用先进的通信数字技术，以创新为抓手，紧贴市场探索科普文化产业模式，打造中心知识产权形象、研发科普文创产品、搭建科普产业服务平台，创造出众多满足公众需求的科普产品和服务，实现社会效益和经济效益双赢。广东科学中心找准了科技场馆产业化的主链，以自身为平台，充分发挥广州政策优势、资源优势，与广州丰富的科技资源形成合理对接，将市场机制的关键，如产品设计、服务供给还给市场，根据公众需求设计产品。譬如，2022 年，广东科学中心和英国科学博物馆集团、印度科学博物馆协会联合推出"希望之苗"展览，展示疫苗快速开发、生产、运输和分配的幕后故事，备受观众好评。

新时期科普工作的重点之一是推动科普产业发展，促进科普与文化、旅游、体育等产业融合发展。推动科普公共服务市场化改革，引入竞争机制，鼓励兴办科普企业，加大优质科普产品和服务供给。科普产业化要将科普知识、科普活动和科普资源转化为具有市场价值的产品或服务。以满足公众对科学知识的需求为导向，以实现科普的社会效益和经济效益为目标，通过市场化运作和产业化经营，将科普资源转化为具有市场竞争力的科普产品和服务，从而实现科普事业的可持续发展。

案例3　共享科普：人人为我，我为人人

1. 案例概况

广州科技传播以"人"为本，构建起一个"人人为我，我为人人"的泛在科普圈。身处广州，每个人都是科技传播的受益对象，也都是承担传播职责与使命的传播者。广州科技传播从"人员"和"场景"两个维度聚点成线，连线成面，已经形成了全景、全员的泛在科普空间。

广州泛在科普圈的人员构成海纳百川，从院士、科技工作者到街坊邻居、公益人士，无论从事何种职业，无论意愿高低、能力大小，只要愿意，都能随时进入"科技传播"的队伍，成为广州科技传播体系的一分子。

广州市2023年启动的"科普惠民，志愿同行"科技志愿服务驿站项目是广州市的一次创新，集中体现了广州科技志愿服务的特色。全市77个科技志愿服务驿站立足基层辐射全域，不断扩大广州科技传播的覆盖面、影响力和参与度。面向社区群众的科技志愿服务驿站每月月底开展常态化科普活动，包括防溺水安全知识、防震减灾、全国科普日、食品安全知识、消防安全、交通安全、航天航空等主题的常规宣传活动。在特定的节假日，还会组织开展特定的主题宣传。

食品安全研学活动是科技志愿服务驿站与辖区资源的联动形式，活动以游园会的形式开展，社区居民在仲恺农业学院科技志愿者的带领下，通过手绘玉米剖面图、尝试当玉米淀粉遇上碘附实验、制作玉米折纸等闯关

打卡的形式，让居民们了解玉米的结构及玉米汁与其他食物搭配产生的不同功效。参与者在收获知识的同时，也收获了惊喜与快乐。航天科普实验活动为青少年展示了一系列科学实验，包括万有引力实验、土星太阳能车、地球昼夜演示等。活动现场，科技志愿者们为孩子们讲解了万有引力原理，并通过现场演示，让孩子们亲手操作，体验物体间引力作用的现象；他们还向孩子们展示土星太阳能车的制作过程，引导孩子们了解太阳能原理，并鼓励孩子们发挥创意，设计出独特的太阳能车；地球昼夜演示实验则向孩子们揭示了地球自转和昼夜交替的奥秘。

广州泛在科普圈除了以社区为中心辐射周边居民的志愿服务驿站外，还以其他不同的形式将社会其他科技传播力量包纳其中。2023年，广州评选出"十大科学传播达人"。这些传播达人从各行各业的科普先锋中选出，既有"两院"院士、科技协会的工作人员，也有深耕基层的研究员、科技企业的从业人员。针对科技传播的中坚力量院士群体，2023年中国工程院院士周福霖在广州市全国科普日活动现场宣读"百名院士·百场科普"倡议书，倡议广州地区的院士专家每年至少参加一次面向公众的科学普及活动，广泛传播科学知识、宣传科学思想、倡导科学方法、弘扬科学精神。倡议书建议，在服务公众需求方面，院士专家们应积极回应市民关切，主动开展专业、权威的科技热点述评，及时向公众普及前沿发现和最新成果，为群众提供内容丰富、形式多样的高质量科普，引领公众热爱科学、崇尚科学。此外，倡议书还提议，院士专家们应自觉深入科研生产和乡村振兴一线，走进中小学校园，以更多科技成果惠及社会大众，厚植科技创新沃土。积极为经济社会发展建言献策，服务党和政府科学决策。

2. 经验解读

广州科技传播体系构建起的"人人为我，我为人人"的泛在科普圈，除了将院士、科技工作者、社区居民、公益人士等各行业各领域各圈层的人士都包纳其中，还组织起各类型垂直领域的科技传播联盟、科技传播团队。①广东省医学会健康传播自媒体联盟广泛吸纳了医疗、健康传播的人才，共招募联盟委员244人，包括医护人员、医宣工作者、医疗卫生体系工作者、媒体记者等。联盟委员凭借专业知识与实践经验，积极地投身科普事业，为广大群众提供科学可靠的健康信息，将健康知识以生动、易懂的方式传递给大家，共同推动新时代科普事业高质量发展。联盟定期举行培训，帮助有志于科技传播事业的相关人员快速地提升科普的技能；定期举办赛事，联盟成员通过比赛能够交流提升业务；根据联盟中优秀单位的运营经验，推出相应的图书指南，帮助更多的联盟成员提升运营能力。②广州市成立"广州科技传播联盟"，邀请广州地区各类媒体单位、国家重点实验室、省重点实验室、高新技术企业、各级科普基地、市科协团体会员等共同组成"广州科技传播联盟"成员单位，推动实现联盟优势资源整合与传播功能融合，强化全社会科普责任。这些联盟与团队聚合不同领域的科技志愿人才，通过联盟的平台，组织科技志愿人才交流与培训，帮助他们提高科技传播的能力，并在团体内组建竞赛，以更大的合力推动广州科技传播体系的发展。

从这一意义上来说，广州的科技传播已经在"人员"和"场景"两个维度聚点成线，连线成面，形成了全景、全员的泛在科普空间。

3. 启示借鉴

新时期科技传播的政策将全社会的所有人群分为8种类型，将承担科普责任的主体从过往的政府、科研科技部门向全社会范围延伸。中共中央办公厅、国务院办公厅2022年印发的《关于新时代进一步加强科学技术普及工作的意见》中明确了8类主体在科普活动中应当承担的职责。

2023年，广东省共有科普专职人员近1万人、兼职人员近7万人、注册科普志愿者13.7万人。截至2022年7月，广州市除全职的科技系统工作者、科技行业从业人员外，有科技志愿服务组织 271 个，科技志愿者 29150 人，科普中国信息员 25686 人。而这一人数与广州常住人口相比，仍然有很大的提升的空间。

2023 年，广州市健全基层科普服务体系，建强科技志愿服务队伍，推动形成市、区、街（镇）三级科技志愿者服务体系。广州市开展的"科普惠民，志愿同行"驿站项目，实现了科普惠民志愿服务常态化。即使不是全职的科普人员，没有注册为志愿者，依然可以拥有在某个时段贡献社会和服务他人的机会，为全社会有意愿参与"科技传播""科普活动"中的居民提供一切便利的"入口"，让每个居民在享受科学普及带来的普惠成果的同时，也有机会为更多的人提供科普服务，这也是扩大科技传播体系圈层，增加科技传播效能的重要手段。

科技传播"破圈"不仅仅是科学知识内容的"破圈"，也是科普精神的"破圈"，只有科普精神被传递到全社会的每个角落，才能真正提升全社会范围内的科技创新的氛围。让更多的居民愿意接受科学普及，并进一步愿意传递科学普及的精神，愿意去帮助他人获得科学普及，并实现真正意义上的科普"破圈"。

案例 4　泛在科普：从科普开放日到 10 分钟科普活力圈

1. 案例概况

2022 年，广州在全国首创了时间跨度全年的"科普开放日"活动，这也是继十年前首创"科普一日游"活动后，广州在科技传播品牌上的又一次创新。2023 年仅上半年，广州科普开放日活动就组织 92 家科普资源单位向市民免费开放，组织活动 311 场次，参与人数超过 15 万人次。

2022 年 8 月，广州黄埔区亮出了一个空间跨度全区的科技传播品牌"科普活力圈"。黄埔区的"10 分钟科普活力圈"意为，居民无论身处黄埔区的哪一个角落，步行 10 分钟都可以到达一个科普点，享受 30 分钟的科普活动。科普在黄埔区全域内无处不在。

黄埔区内科技资源丰富，科学城、知识城、生物岛等地都有众多的高新技术企业和科研院所。它们大多有展馆、展厅或实验室，具备开展科普活动的良好设施条件。黄埔区联动区内的高新技术企业、科研院所、院士专家等资源，设立 2892 个科普点；在 484 平方公里的区域内，每平方公里内有 6 个科普点，串珠成链地组成了覆盖全区的科普活力圈。市民无论在区内哪一个角落，步行 10 分钟即可到达最近的科普点。

在这一科普空间链条上，最值得一提的是"黄埔少年科学院"。黄埔全区 1 个镇、16 条街道全部挂牌设立了黄埔区少年科学院分院，形成"16＋1"的分院矩阵，各分院均由一名院士担任院长，实现科普真正渗透到每一个街道、社区。2021 年，由黄埔区科协联合区教育局、区农业农村局、团区委发起建立"黄埔少年科学院"。近一年来，"黄埔少年科学院"认定了 5 家特色分院和 6 个校外特色实践基地，设立了黄埔少年科学院专项科普基金，创新举办"科普揭榜小达人"等系列活动，形成科普进校园联动协作创新模式。

2022 年，在广州工作的院士达到 122 位，是广州领先其他同类城市的丰富的科技资源之一。作为广州科技创新的主引擎，黄埔区拥有国家重点实验室、粤港澳大湾区国家技术创新中心两大"国之重器"，集聚院士专家团队超 100 个、高层次人才超 1000 名，科技创新实力位居全国经济技术开发区第一。

"科技创新和科学普及是我们国家科技强国的两翼。黄埔把科普落实到了每一个街镇，让青少年们在 10 分钟之内就能够受到科普的教育，我觉得这个模式值得在全国推广。"黄埔少年科学院总院首任院长、中国科学院院士赵宇亮表示，从科学的角度来看，把科普渗透到每一条街道、每一个角落，让所有孩子能在步行 10 分钟之内进入科普点、享受科普教育，"是一件很了不起的事情"。

"我今年 80 多岁了，但是我想科普是每一个科技工作者都应该做好的事情。青少年是我们的希望，从小在他们心里种下科学的种子，那会为我们的科技发展起到很大作用。希望尽自己的力量，为市民科学素质的提高做出实实在在的贡献。"俄罗斯工程院外籍院士、华南理工大学原校长刘焕彬说。

广州黄埔区以国家重点实验室、科研院所、科技企业、科普基地、党群服务中心为载体的"1 + 1 + 5 + N"特色科普活力圈，培育 1 个黄埔特色科普活力圈，建设 1 家黄埔少年科学院，打造生态、协同、互助、研学、达人 5 条科普链，全面铺开"N"个科普点位。在政府、科研院所、企业等多方携手下，各科普点串珠成链，形成科普生态圈，正把黄埔区、广州高新区建设成为青少年"离科技最炫的地方"，让每个人走进黄埔就可感受到浓厚的科普氛围。

目前广州黄埔区构建起 10 分钟科普圈的首批"新时代科普实践基地"有 100 多家，后续规模将继续扩大，逐步扩展至全区各类优质科创企业，计划至 2025 年挂牌 2500 ~ 3000 家，以全社会动员的方式，实现更高效的科普服务圈。同时，10 分钟科普活力圈的外延也会相应扩大，将科普活动渗透到对口帮扶的乡村，让山区的孩子也能听到院士、科学家讲课。

2. 经验解读

广州的科技传播泛在空间体系，历时十年的时间，逐渐完善成为一个全年、全天候、线上线下共时的活动体系。

2013 年，广州在全国首创了覆盖全市范围的"科普一日游"，每月举行一次。2023 年 7—8 月，广州"科普一日游"就举办活动 4 期 142 场次，共计 63872 人次参与网上报名，共计 7353 人次抽中参加现场活动。2022

年 1—10 月，在特殊的防疫时期，也共计开展线下活动 292 期次，同比增长 75.9%；参与市民约 1.47 万人次，同比增长 44.2%。从创立至 2021 年，科普游组织活动 664 期，网上报名人数 44.2 万人次，系统抽取约 3.6 万人次参加活动，市民满意度达 99%。通过全媒体传播实现的全网科普传播总观看量超过 3230 万。

2023 年，广州科技周活动期间，全市 11 区 168 家科普资源单位推出 430 余场活动，活动总数较 2022 年同比增长超过 16%，多个国家重点实验室积极参与，其中呼吸疾病国家重点实验室呼吸健康科普基地为市民提供肺功能检测体验，国家超级计算广州中心针对青年学者、青少年等特定群体开设科普专场活动，中国科学院南海海洋研究所开放热带海洋环境国家重点实验室。

广州科技周系列活动之一的"广州创新科普嘉年华"，以线上、线下相结合形式举行，线上专场以"广州科普资源"小程序为媒介，通过"科普知多星""狂飙 VR 科普馆""科普视频点播""科普图书展示屋"等互动模块，方便参与者在手机上动动手指，就可探索科普世界；线下活动则汇聚了 80 多家科普单位，共同打造"科研院所面对面""高校科学群英会""科技赋能新生产""虚拟现实探真知"等 6 个特色展区及活动。

"科学之夜"是广州科技周系列活动的夜晚主场，23 家科普资源单位同步开辟科学之夜分会场，包括广州动物园的"动物园奇妙夜"，海珠国家湿地公园的夜探索活动，花都区气象局的"仰望星空，魅力无限"璀璨星空天文活动，正佳自然科学博物馆的"馆长说恐龙"等夜间特色科普活动，营造全天候的科学体验盛宴。

3. 启示借鉴

从跨界到无界，是科技传播链的高阶融合形态。广州从"科普一日游"到"科技周"再到"科普开放日"，从线下到线上，形成了时间上不间断的全民参与的科普盛宴；而广州黄埔区创建的 10 分钟科普活力圈，是空间上不间断的科普生态圈。

从这一意义上来说，广州的科技传播已经在"时间"和"空间"两个维度聚点成线，连线成面，形成了全时、全域的泛在科普空间。从全员、全景的共享科普到全时、全域的泛在科普，广州科技传播形成了科普"破圈"后"圈层共融"的传播链高阶融合形态。

案例 5　终身科普：科技传播融入终身学习

1. 案例概况

2023 年 9 月，广州青少年科技馆"东风浩荡风雷激"国防教育主题展以国防科技教育为主线，全面梳理呈现中国海、陆、空、天等国防科技装备，围绕"国防科技，护国利器""钢铁洪流，守卫疆土""乘风破浪，迈向深蓝""战鹰展翅，对阵长空""多维一体，联合行动"五个板块依次展开，并融合模拟射击、模拟飞行等互动体验手段，对国防科技尖端成果进行一次集中展示，引导广大青少年充分认识国防科技的重要地位，助力增强全民国防教育，筑牢强国复兴支撑。

"国防科技，护国利器"板块介绍了多用途无人作战平台、察打一体型四足机器人等国防科技成果，并围绕陆军、海军、空军等知识进行科普，为后续板块展开国防世界的新篇章打下基础。"钢铁洪流，守卫疆土"板块主要围绕"坦克手，前进！""神枪手，瞄准！""东风快递，发货！"三部分依次展现陆军风采，陆军最早建立和领导的武装力量，对维护国家主权、安全、发展利益做出了不可替代的贡献。"乘风破浪，迈向深蓝"展区，主要展示现代海军装备。这一板块则由"水手，启航！""领航员，下潜！"等内容组成，不仅介绍了中国多型号驱逐舰，还科普了潜艇动力、技术等知识。通常情况下，完整的现代海军装备体系包括航母编队、海基核力量、两栖编队护航编队、水下支援力量、任务保障等部分。观众在这一板块能够了解现代海军完整的作战与保障体系。"战鹰展翅，对阵长空"板块围绕航空武器装备——作战飞机的不同类型、不同隐身技术、战斗机的构造系统等进行展示，融合战斗机隐身技术翻书屏、发射纸飞机、飞机模拟体验等互动项目，让观众亲身感受驾驶"歼15"在航母上起降的快感。"多维一体，联合行动"通过陆海空天一体化作战体系主战装备多媒体展示沙盘，立体呈现机动作战、立体攻防、近海防御、远海防卫、空天一体、攻防兼备、核常兼备、全域慑战、联合作战、联合训练、联合保障、多能一体、维稳维权的战略思想。

该主题展旨在引导青少年充分认识国防科技的重要地位，激发青少年科技探索的好奇心与求知欲，培养广大青少年的科学创新精神，为中国国防科技事业发展培养新一代接班人。

除了国防科技教育展，广州青少年科技馆还有"栽种未来"科普主题教育展。"栽种未来"科普项目依托省级重点实验室丰富的蔬菜种质资源和现代都市农园栽培管理的前沿科学技术，加强蔬菜新品种新技术的培育和展示，为青少年和市民提供优质、丰富、有意义的互动体验和科普教育内容。2023年8月，由广州市科学技术协会主办，广东省农业科学院蔬菜研究所、广州市科学技术发展中心、广州青少年科技馆承办的都市科技农园大课堂"无心插菜菜满盆——蔬菜扦插栽培技术"科普主题展开幕，极大地丰富了青少年暑期生活，向青少年传播科技知识和科学精神。

活动中，学生在教师和科普志愿者的指导下，现场扦插紫苏、番薯叶、迷迭香、鸭跖草等药菜，剪下植株基部叶片，并去除较大的部分叶片来减少水分蒸发；科学小实验富氢水的配置和浓度检测，让学生了解有关富氢水育苗技术改善幼苗生长条件、节约种子和农药的作用；通过菌根化育苗促根实验，让学生了解AM、EM菌剂的扩繁配制和接种，可以增加植株根系对养分的吸收能力，以及增强植株抗性。

"冬瓜化肥减量栽培技术"作为"栽种未来"活动中的二十四节气精品课程之一，选在 2023 年夏至举办。活动以夏至风味蔬菜冬瓜作为切入点，以蔬菜所科普教育基地新鲜采摘的"铁柱二号"黑皮大冬瓜为主角，重点介绍了冬瓜"三护"（护根、护果、护叶）栽培技术，向学生科普通过早期壮根育苗（护根）、中期补充养分预防叶片黄化（护叶）、后期避免果实收腰（护果），可以减少化肥施用的同时又能实现冬瓜高产高质高效的"三高"生产。

2. 经验解读

作为广州市区第一座综合型科技馆，广州青少年科技馆建筑面积 6967 平方米，先后被认定为"广州市未成年人校外素质教育基地""广州市科普教育基地""广东省青少年科技教育基地"。近年来，广州青少年科技馆大量引入社会优质教育资源，提供多个主题展和多项科普活动。2022 年至 2023 年 8 月，进馆参观游客达 8.3 万余人次。

感觉器官是向人传播一切信息的通道，其中 85% 以上的信息来源于视觉，大脑中与视觉相关的神经元多达 50%。前沿科学的可视化传播，以视觉媒介作为主要的信息传递方式，通过各类视觉载体，科学内容的呈现变得更为清晰直观。国防教育主题展通过五个板块重点挖掘了中国海、陆、空、天各军种的高科技装备。在展示各军种武器体系的同时，展览区也遴选出其中最具代表性、话题性的武器装备加以解读。这是中国尖端国防科技成果的一次集中展示。"展览的内容让我们很长见识，看到祖国的强大，自豪感油然而生。"现场观众认为，这样的国防教育活动非常有意义，可以在提高对国防认知的同时，激发他们对科技赋能国防安全的好奇心和想象力。

3. 启示借鉴

广州科技传播强化了科学普及在居民终身学习体系中的作用，有的放矢地覆盖了全社会范围的科普媒介、介入了不同类型的科普场景，使得广州地区的居民，无论身处什么年龄阶段，无论从事何种职业，无论教育文化水平如何，无论对什么样的科技题材感兴趣，都能在广州地区感受到科技传播为自身带来的便利和价值。

广州凭借科技传播体系建立起的面向全社会的终身学习体系，涉及环节多，内容丰富，针对身处不同人生阶段的人的不同学习的需求，相应开展不同类型的活动：对于青少年而言，重在帮助他们树立科学精神，引导他们探索星辰大海的梦想，帮助他们接触到科学前沿，拓宽科学眼界，在学习知识之余，建立起生活常识，培养青少年的爱国主义情怀。对于职业化的受众来说，不论从事何种职业，通过科技传播帮助他们提升职业技能，建立培训规划，实现职业生涯中的终生成长。对于老年群体来说，科技传播内容则集中体现在帮助他们适应数智化的发展，重拾掌握现代知识技能的信心，借此更好地融入数智化社会，借力数字化手段提高老年人生活质量，同时降低诈骗事件在老年人群中的发生概率。

案例6 创意科普：《决战观音山》剧本杀

1. 案例概况

1927年12月11日凌晨，广州起义爆发，中国共产党第一次打出了"工农红军"的旗号，并建立了中国第一个城市苏维埃政权——广州苏维埃政府。广州的观音山（又名越秀山）因其重要的战略地位，成为敌我双方反复争夺的焦点。

2021年，中国共产党建党百年之际，广州博物馆以史实为基础，打造了《决战观音山》的剧本杀，利用遗址环境，还原战事形态，重走战斗路线，十大主题角色在任务中解读敌情、决策战事、肃清队伍，通过沉浸式实景游戏，感悟广州起义的艰险与抉择。2022 年，广州博物馆在总结经验、丰富细节、评估传播效能的基础上，再次上线了这一深受年轻人喜爱的剧本杀。

《决战观音山》剧本杀是一个科学教育实践活动。广州博物馆的创作团队经过专业的筛选与严谨的市场调研，找到了馆藏珍品与现代传播方式之间的最佳结合点，用博物馆负责人的话来说就是"用最潮的方式包装了最红的主题"，以科技传播突显文化价值。《决战观音山》剧本杀每组 10 个人，3 个反派，7 个正派。他们彼此需要合作，才能完成剧本设定的任务，才有可能帮助己方胜出。创作团队在每次活动结束后，都会帮助玩家"复盘"，帮助"亲历者"了解胜利或者失败的原因，让广州起义这个红色任务真正地变成年轻人心中鲜活的记忆。

"剧本杀"是当代年轻人喜爱的娱乐方式，因其特殊的体验形式，能够给参与者带来快速的沉浸感。参与者在活动中都会被派给明确的任务，有指定的动作，有胜负的结果，因此，参与者往往会快速进入角色，在思考中行动。广州起义作为一个真实的历史事件，广州博物馆珍藏了广州起义的大量真实史料，包括口述史。广州起义作为剧本杀的原型，本身有完整的事件情节和真实的事件细节。比方说，在三个半小时的剧本杀中，有三分之二的时间都是在户外，创作者还依据历史事件原型，设计了"体验"广州城墙攀爬这样极富挑战性的环节，让参与者获得相较于普通的剧本杀更为强烈的角色代入感。同时，创作团队还依据历史细节，制作了大量的道具，从微小的细节入手，给予参与者最真实的感受。在剧本杀的内核，即剧情创编方面，创作团队力求真实还原历史事件的情节，同时设计了合理的悬疑细节。参与者通过剧本杀过程中的思考和判断，切实地体验、体会广州起义的艰难。

　　《决战观音山》剧本杀成功的原因在于：剧情还原了历史的真实事件，采用了科学的创作方式，融入了专业的教育理念，观察并理解当下年轻参与者的心理需求。剧本杀的内核是剧本的戏剧性，剧本杀有着比戏剧、流媒体甚至游戏，更强的体验感。广州博物馆利用场馆实景空间的优势，聚焦人文历史，重在通过还原历史情节、历史场景、历史人物进行剧本的创作，令活动体验充满沉浸感和娱乐性。同时，将广州起义历史史料中的细节蕴藏在悬疑与解密之中，通过故事和科学逻辑来提升互动性，通过观察、思考和推理来"肃清"反派，把娱乐活动变为与科学元素有机融合的一种成熟的科技教育活动，用科学的方式来传播历史文化知识。广州博物馆创意活动的制作流程如图 5 - 1 所示。

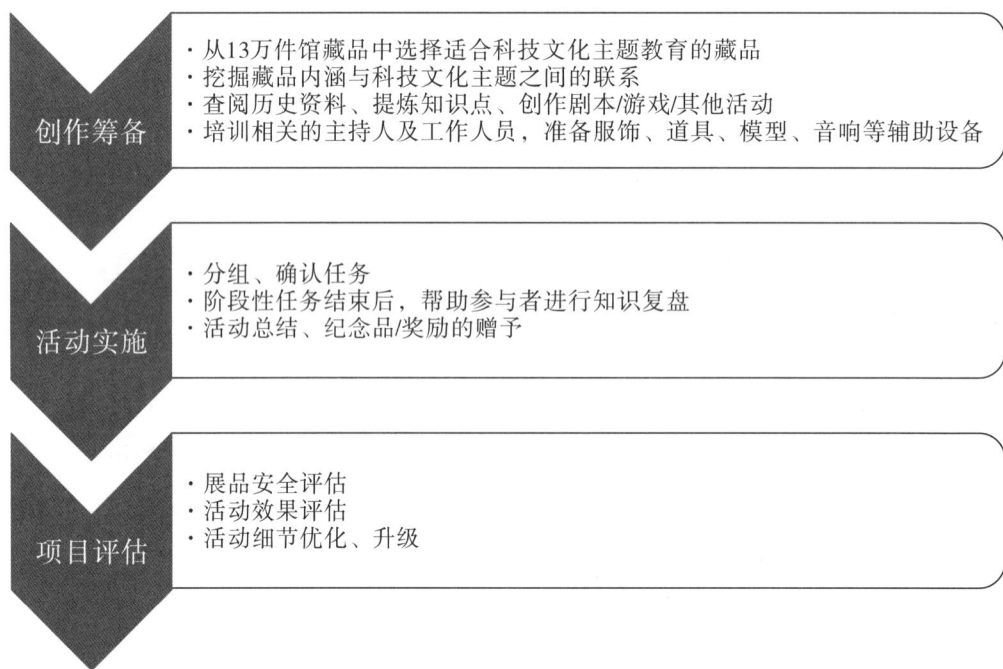

创作筹备
· 从13万件馆藏品中选择适合科技文化主题教育的藏品
· 挖掘藏品内涵与科技文化主题之间的联系
· 查阅历史资料、提炼知识点、创作剧本/游戏/其他活动
· 培训相关的主持人及工作人员，准备服饰、道具、模型、音响等辅助设备

活动实施
· 分组、确认任务
· 阶段性任务结束后，帮助参与者进行知识复盘
· 活动总结、纪念品/奖励的赠予

项目评估
· 展品安全评估
· 活动效果评估
· 活动细节优化、升级

图 5 - 1　广州博物馆创意活动的制作流程

2. 经验解读

在科普与岭南优秀传统文化的融合方面，广州博物馆以馆藏的广州起义的真实史料与口述史为蓝本，成功创作了《决战观音山》的剧本杀。而这仅仅只是广州博物馆创意型传播的一个例子。

广州博物馆创作团队基于清代"广州珠江北岸风情图"木雕封檐板制作的 H5 游戏"云游广州府"，让玩家能够在游戏中领略清代广州城市风俗。

广州博物馆创作团队以明代镇海楼为媒介，创建了"营建·镇海楼"主题研学课程，将古建筑测量运算知识、科技史与爱国主义教育相结合，创造了优质的科普文化产品。镇海楼是广州北城墙的制高点，这座跨越六百年风雨的古城楼建于公元 1380 年，建成时间比明代故宫（建成于 1420 年）还早了 40 年，素有"岭南第一胜概"之誉，位列全国 18 座历史文化名楼，华南地区仅此一处，是广州城的著名城标。"营建·镇海楼"主题研学课程立足镇海楼建筑本体，从建筑文化、建筑测绘、模型搭建三个方面开展实地研学，让参与者成为历史建筑的欣赏者、解读者和创造者。

2023 年中秋节，广州博物馆推出"穿粤记"桌游，并在镇海楼举行现场版桌游游园活动。"穿粤记"是广州博物馆根据广州城市历史发展特征，结合学术研究成果和教育推广经验开发出的一款桌游。该桌游在玩法上借鉴了中国最早的桌游"升官图"以及现代经典桌游"大富翁"，部分设计理念还参考了民国初年的棋类游戏，以广州历史中发生的重大事件为"对战"格，以最先到达终点"城门"者为胜。

"穿粤记"桌游的棋子角色——赵佗、达摩、张九龄、苏轼、伍秉鉴、孙中山化身为 18 位"真假 NPC"游走于园区，玩家需要通过使用这六位名人的名言暗号寻找真 NPC，领取任务卡，开启"穿粤之旅"。配套的游戏卡既绘有广州博物馆收藏的代表性文物珍品，如秦统一岭南的物证"十四年属邦"铜戈、全国独一无二的元青花船型水注、18—19 世纪的高端定制纹章瓷等，也含有选取自历代典籍中记载的岭南佳果、传统年食、特色酒饮等。玩家在收集游戏卡时既可获取历史知识，又能对"食在广州"的城市名片进行追根溯源。

中秋国庆黄金周期间，"穿粤记"还联合广州公交集团，推出巴士版的"穿粤记"，带领玩家穿梭于新旧城市中轴线之间，在探寻历史建筑与遗迹之中体验实景解谜推理游戏。

"穿粤记"桌游把各历史时期广州的城坊图和地标性建筑转化为插画，涵盖了从秦建立番禺城至民国拆城墙筑马路 2200 多年的历史。桌游的方寸棋盘之间，浓缩了广州作为岭南文化中心地、海上丝绸之路发祥地、民主革命策源地、近代市政先行地的城建沿革和人文历史，让玩家在趣味的游戏中知晓广州历史，领略岭南文化。

3. 启示借鉴

科技传播要找准内容的切入点。科技传播常常遇到的一个问题是，人们对内容不感兴趣。传播内容从学科的角度、从战略的眼光来看可能价值很高、意义重大，但若整个事件跟普通人的兴趣点没有交集，传播的效能也就有了短板。

广州博物馆馆藏品多达 13 万件，但是与故宫博物院、中国国家博物馆等相比，广州博物馆缺少具有显著知名度或是在外观上别具特色的藏品。譬如被制成 H5 游戏的雕封檐板，其外形朴实，但其实际蕴含的内容堪称广州版的《清明上河图》，展示了广州珠江北岸的城市风俗风情，对岭南当地居民和外来参观者都有着很大的吸引力。将文物中的故事转化为游戏任务后，便活化了文物中的历史元素。再譬如，《决战观音山》的史料，在博物馆中以古籍档案的形式存在，即使将其转化为数字化的读物，对于青少年来说，依然略显枯燥生涩；但被转化为沉浸式的剧本杀游戏后，参与者在长达 3 个半小时的活动体验后，再在剧本团队的帮助下"复盘"历史知识，对于历史便有了直观而深刻的认识。而蕴藏在"镇海楼"主题研学课程中的古代科技建筑史与爱国主义情怀，更是为参与者打开了一扇生动的历史之窗。

科技传播内容以传递科技知识为核心，存在一定的门槛。新媒介、新途径、全景式、沉浸式的传递方式，与传统的传播方式形成互补，让受众能够以更多、更鲜活的方式接触到科学知识，降低其进入"大科普"社群的门槛。同时对于创意内容的创作者来说，未来还能通过打造科普 IP、文化 IP、科普＋文化 IP 而获得市场化的经济效益。

科技传播的本质依然是传递科学的精神和科学的内容。新媒体为了追求流量，常常会在形式上做文章，而忽视内容的价值内涵。比方说，有一些视频为了提高完播率，故意让视频突兀地结束，观看者还没有反应过来，视频又开始循环播放第二次，有时候甚至需要播放多次，才能看清结尾。以类似的方式来吸引眼球获取流量，就背离了科技传播的初衷。另外，一些网络的"热梗"虽然拥有一时的热度，但如果传播内容的着力点就在"玩梗"本身之上，那么一旦"热梗"过时，传播内容也会失去吸引力和可观性，甚至变得尴尬，转而伤害了科学内容本身。即使采用了新媒介传播，也要立足内容事实。

案例 7 科普政策：应急科普宣教协同机制

1. 案例概况

2023 年 9 月，广州市科普工作联席会议办公室与广州市应急管理局联合发布了《广州市应急科普宣教协同机制》。该机制将推动全市防范应对公共卫生、自然灾害、事故灾难等突发事件科普宣教工作广泛深入、常态高效展开，形成全民动员、平战结合、以防为主、防治抗救相促进的应急科普宣教局面，不断增强社会公众应急安全观念意识和能力素质，最大限度地预防和减少突发事件造成的损害，更好地服务和保障经济社会发展。

广州应急科普宣教机制秉承政府主导，社会参与的工作原则，坚持各级政府的工作主导地位，地方政府就近指挥，发挥主体作用、承担主体责任，根据实际情况及时处理并统筹开展应急科普宣教工作。充分发挥人民团体、专业机构、新闻媒体的重要作用，加强政府与社会力量、市场机制的协同配合，形成工作合力。

广州应急科普宣教机制强化平战结合、协同联动的机制，坚持日常科普与应急宣传相统一、经常性宣传教育与集中式宣传教育相统一。在常态化条件下建立部门定期会商制度；在突发事件状态下密切跨部门协作，及时开展应急科普宣教工作，做好政策解读、知识普及和舆情引导等工作。联合应急管理将推进应急科普融入安全生产和防灾减灾工作，与教育、民政、消防等部门建立联动机制，坚持日常宣教与应急宣传相统一。传播优质应急科普内容资源，有效开展传染病防治、防灾减灾、应急避险等主题科普宣教活动，全面推进应急科普知识进企业、进农村、进社区、进学校、进家庭。在科普教育基地、社区科普体验中心、志愿者服务驿站、学校等不同科普场景，借助电子屏播放应急科普视频、派发应急科普宣传资料、开展应急科普讲座。在固定的"科普开放日""科普一日游"等品牌活动中，联合相关部门的科技工作者对生活防灾、重疾防治、公共卫生安全等内容开展定向的传播。

广州应急科普宣教机制强调预防为主、共建共享的原则，坚持早宣传、早发现、早干预，将预防贯穿突发事件管理全过程，推动应急服务供给侧结构性改革。共建共享应急科普内容资源，协同打造资源平台和发声平台，通过立体化传播和精准化服务，让成果惠及最广大群众。在全国防灾减灾日和科普宣传周等时间节点举办相关主题活动，通过科普电影放送、互动体验等形式，传播安全应急知识；协同化实施，整合相关部门和人才资源，开展科普宣传；建立系统间部门间的信息共享机制，共同探索应急与科普教育互动融合实施经验。

2．**经验解读**

应急传播体系的构建，不是应急信息发布和应急广播、应急报道的简单组合；应急传播能力的提升，不是现存各类型的媒体依靠自循环、内循环能够实现的，必须上升到国家治理体系和治理能力现代化的层面，融入应急管理现代化、应急管理信息化的系统中。应急宣教协同机制的建立，提升了不同传播系统间的协同能力，提升了应急传播的效力与整体风险的防范能力。应急传播体系从预期管理、信息发布、受众互动、信息反馈等全环节入手，建立起跟应急管理体系功能时时对应、环环相扣的综合性的传播体系。

广州应急科普宣教机制加强应急科普宣教平台建设，常态运行应急科普宣教协同机制，集聚权威资源，各相关单位充分发挥现有网络信息化平台的科普宣教功能，积极推动建立应急科普专家库和资源库，在广播、电视、报纸、杂志、网络等新闻媒体开辟专栏、专版、专题、专刊，普及应急科普知识，推动社会力量参与开发与制作应急科普内容资源，编辑出版科普读物和音像制品。

2023 年，广州市加快建成运行应急管理科技联合创新中心，推进应急安全全民体验馆建设。组织应急主题科普活动，突出应急安全创新精品成果应用和典型产品操作展示演示，推动实现应急新技术、新装备、新知识面向社会群众常态普及。做好做精《急中生智》《应急云课堂》等栏目，扎实开展应急安全科技宣教周、安全生产月等活动，激发公众对安全科技的兴趣，增强群众安全意识。开展防震抗震救灾科普宣传，推动防震抗震救灾科普宣教信息化建设，鼓励防震抗震救灾科普产品创作，依托广州科技传播联盟加大防震抗震救灾科普传播力度。

3. 启示借鉴

应急宣教协同机制的建立意味着用战略传播的思维统筹应急传播体系。战略统筹和共识目标的建立帮助多方主体解决了"各自为政"的实践困境，解除了"战时"重复传播、信息不统一，"平时"宣传资源不共享等造成的传播阻碍。

案例 8 科普交流：从信息互联到价值共享

1. 案例概况

广州一直致力于创造一个开放、融合、繁荣的创新创业环境，为粤港澳青年发展提供广阔的舞台和空间。广州出台一系列支持科技创新与港澳青年创新创业的政策。

2023 年 6 月的广州科技创新创业大赛港澳台赛得到社会各界的广泛关注，吸引了 257 家企业参赛，创历史新高。与往届相比，有七个新的亮点。一是奖金丰厚，大赛总奖金超 600 万元。本届港澳台赛结合并优化了专题补助方式，通过大赛市场化、社会化的评选模式给予港澳台来穗创业青年资金补助。二是港澳台青创载体助力赛事。赛事组委会征集了近 30 家在穗港澳台孵化载体，为港澳台企业落户开通入驻绿色通道，做好落地孵化保障。三是港澳赛事互认，为创新创业生态注入新活力。本届赛事将与市科技局指导举办的两个港澳赛事实施互认机制，为参赛企业开拓更广阔的双创平台。四是延续优胜"绿色通道"，激活创新活力。赛事对已获得四类港澳资助计划支持的参赛企业，通过简要资料审核环节即可获得优胜奖。五是搭建港澳台青创平台，推动穗港澳台创新创业交流再上新台阶。本届赛事共与 30 家港澳台服务机构协同举办，精准覆盖港澳台双创载体，促进港澳台创新创业资源共享。六是构建港澳台企业家社群，深化穗港澳台交流模式。组委会拟开展湾创训练营、港澳台青年来穗行、"湾区行"活动等系列交流活动，聚拢港澳台创业青年，从而打造港澳台创业圈层交流平台。七是布局全媒体宣传矩阵，全方位覆盖港澳台青年浏览路径。观察到以上亮点的南方+参与其中，设置了"湾创频道"、"湾创直播间"、视频号直播间等线上栏目，多形式围绕大赛做深度宣传。

广州不断优化青年创新创业示范平台，加强综合性保障体系建设，同时注重加强湾区青少年科技创新与文化交流。广州面向"湾区青年"和"湾区企业"组织各种类型的创新、创业大赛，扶助青年创业计划，提供创新的环境与政策支持。同时还举办了各种类型的科技、创新交流活动。广州市在2022年举办穗港澳青少年科技交流活动，吸引三地近6000名中小学生参加6个科技项目的交流展示和竞赛。组织开展2022年穗港澳台青少年科技体育模型夏令营暨海陆空模型铁人三项邀请赛活动，超过35所学校近1000名师生参与交流展示和作品评审。组织粤港澳大湾区创客教育交流研讨活动，征集作品1000余件，入围初评及交流展活动作品400件，为扎实提升青少年科学素质，培养和选拔科技创新人才夯实基础。

2. 经验解读

自2021年以来，广州围绕"湾区所向、港澳所需、广州所能"，深入实施"五乐计划"，15条政策、47项任务已经落地落实，取得了阶段性成效。全市已建成港澳台青年创新创业基地45个，其中5个被认定为粤港、粤澳青年创新创业基地，1个获评广东青年五四奖章集体，10个被评为广州市港澳台青年创新创业示范基地，吸引港澳近400个创业项目、600余个团队、3000多名青年落户。

广东省人力资源和社会保障厅坚持以粤港澳大湾区建设为纲，立足"中央要求、湾区所向、港澳所需、人社所能"，以构建"1+12+N"港澳青年创新创业基地体系为抓手，坚持搭平台、优服务、促交流，持续拓展港澳居民来粤就业创业空间，大力为港澳青年创新创业创造良好条件。首先，制定支持港澳青年在粤港澳大湾区就业创业的实施细则，创新实施"人才通、就业通、社保通、治理通"，有力保障在粤就业创业港澳青年快捷享受政策。其次，全面取消港澳人员在粤就业许可，出台事业单位公开招聘港澳居民管理办法等，畅通就业"快车道"。围绕港澳创业青年群体实际需求，为港澳青年提供包括人才公寓、交通接驳、便捷落户、法律维权等配套服务。此外，组织广东"众创杯"等赛事，积极举办政策宣讲会、创业精英训练营、创投会客厅、投融资对接、创业沙龙、创业训练营等品牌活动，开展港澳人才科技交流、"湾区行"基地互访交流等活动，助力港澳青年融入大湾区发展。

3. 启示借鉴

大湾区不仅是一个地理概念，更是一个经济概念，一个文化概念，一个通向世界的窗口。大湾区科技传播体系，从区域信息互联上升到价值共享。从当下的国际传播生态来看，"万物互联"促进了信息的实时传输，这种基于信息互联产生的连接不仅在于狭义的信息交换、交流，更在于通过信息交流产生的价值共享，以及由价值共享形成的共同体关系。

2023年，广州进一步拓展国际科技人文交流渠道，加强与港澳的对接联系，协助做好院士专家工作站建设工作；加强与有关国家和地区组织的对接合作，强化日常沟通交流；促进"一带一路"科技人文交流，利用中国创新创业成果交易会和中国海外人才交流大会平台，深化与"一带一路"沿线国家公共卫生、绿色发展、科技教育等领域合作，探索科学素质建设合作机制。

广州充分发挥"双区"的改革开放试验田和窗口作用，强化粤港澳大湾区对外开放水平高的综合优势，大力推动粤港澳大湾区创新文化建设融合发展，共筑世界级科技创新中心人才高地。进一步强化新时代科普工作价值引领功能，坚持科技为民和科技向善的价值导向，弘扬广东务实创新的科学精神，引领粤港澳大湾区科学思想潮流，形成有巨大辐射力、生命力的创新文化氛围。深入实施科学素质国际交流与合作工程，立足众多国际友好城市和世界侨乡的既有优势，拓展科学素质建设交流渠道，搭建开放合作平台。多办、办好包括大湾区科学论坛在内的国际交流活动，探讨全球科学趋势，讲好湾区科技故事，营造浓郁科创环境，打造全球一流科技创新人才向往聚集地。

参考文献

［1］ 国务院. 关于印发《全民科学素质行动规划纲要（2021—2035 年）》的通知［EB/OL］. https://www. gov. cn/zhengce/content/2021 - 06/25/content_ 5620813. htm.

［2］ 中共中央办公厅，国务院办公厅. 印发《关于新时代进一步加强科学技术普及工作的意见》［EB/OL］. https://www. gov. cn/zhengce/2022 - 09/04/content_ 5708260. htm.

［3］ 广东省人民政府. 关于印发《广东省全民科学素质行动规划纲要实施方案（2021—2025 年）》的通知［EB/OL］. http://www. gd. gov. cn/xxts/content/post_ 3733364. html.

［4］ 广州市人民政府. 关于印发《广州市全民科学素质行动规划纲要实施方案（2022—2025 年）》的通知［EB/OL］. https://www. gz. gov. cn/zwgk/fggw/wyzzc/content/post_ 8300597. html.

［5］ 中国科协与国家统计局. 第十二次中国公民科学素质抽样调查结果［R］. 2023.

［6］ 广州市科学技术协会. 广州市科协建设发展报告（2022）［R］. 广州：广东人民出版社，2022.

［7］ 广州市人民政府. 政府工作报告（2019—2023 年）［EB/OL］. https://

www. gz. gov. cn/zwgk/zjgb/zfgzbg/.

［8］科技部，中央宣传部，中国科协．关于印发《"十四五"国家科学技术普及发展规划》的通知［EB/OL］. https：//www. most. gov. cn/xxgk/xinxifenlei/fdzdgknr/fgzc/gfxwj/gfxwj202. 2/202208/t20220816 _ 181896. html.

［9］广州市人民政府办公厅．关于印发《广州市科技创新"十四五"规划》的通知［EB/OL］. https：//www. gz. gov. cn/zfjg/gzsrmzfbgt/qtwj/content/mpost_ 8085129. html?eqid = 8e7d4f15000a0b4600000006646dbeaf.

［10］中国互联网络信息中心．中国互联网络发展状况统计报告（第52次）［EB/OL］. https：//www. cnnic. cn/n4/2023/0828/c88 – 10829. html.

［11］高伟，姜飞．全球传播生态发展报告（2022）［R］．北京：社会科学文献出版社，2023.

［12］杜新山，等．广州文化产业发展报告（2022）［R］．北京：社会科学文献出版社，2022.

［13］彭兰．未来传媒生态：消失的边界与重构的版图［J］．现代传播，2017，39（1）.

［14］王全权，张卫．我国生态文明的对外传播：意义、挑战与策略［J］．中南民族大学学报（人文社会科学版），2018，38（5）.

［15］俞定国，朱琳，孙学敏，等．突发公共事件中网络意见领袖传播特征及引导策略研究：基于主题与情感融合视角［J］．科技传播，2023，15（6）.

［16］熊琦．人工智能生成内容的著作权认定［J］．知识产权，2017（3）.

［17］吴汉东．人工智能时代的制度安排与法律规制［J］．法律科学，2017，35（5）.

［18］易卫华. 广州建设国际科技创新枢纽的路径与策略［M］. 北京：中国社会科学出版社，2022.

［19］梁琰，李雅彤. 面向公众的前沿科学可视化传播策略研究：以量子科技领域为例［J］. 科技传播，2023，15（2）.

［20］瞿杰全. 让科技跨越时空：科技传播与科技传播学［M］. 北京：北京理工大学出版社，2002.

［21］费舍. 数字冲击波［M］. 黄淳，韩鸽，朱士兰，等译. 北京：旅游教育出版社，2009.

［22］李娣. 推进防震减灾科普产业化的重要意义［J］. 中国减灾，2022（7）.